A HISTORY
OF CANADA

II

1760年—1867年
英属殖民地时期：争取责任政府的斗争

加拿大史

［加］查尔斯·G.D.罗伯茨 著

王晋瑞 译

目录

第一章 ······················ **001**

第一节 庞蒂亚克之乱 ············ 001

第二节 《魁北克法案》············ 012

第三节 新斯科舍纪事 ············ 016

第二章 ······················ **021**

第一节 英国和十三殖民地之间的矛盾 ······ 021

第二节 战争开始

　　　 革命派入侵加拿大 ············ 027

第三节 殖民地终获独立 ············ 038

第三章 ······················ **053**

第一节 效忠派 ················ 053

第二节 效忠派战时的遭遇 …………………… 056
第三节 新斯科舍、新不伦瑞克
　　　 和爱德华王子岛的效忠派人士 ………… 062
第四节 加拿大西部的效忠派 ………………… 066
第五节 效忠派的生活环境 …………………… 070

第四章 ……………………………………… 079

第一节 督军多尔切斯特爵士 ………………… 079
第二节 《宪法法案》 ………………………… 081
第三节 上加拿大与下加拿大 ………………… 086
第四节 沿海各省 ……………………………… 093
第五节 英美战争一触即发 …………………… 096

第五章 ……………………………………… 109

第一节 美国国会对英宣战 …………………… 109
第二节 1812年战争 …………………………… 116

第三节　1813年战争 …………………………… 137
　　第四节　1814年战争 …………………………… 160

第六章 ………………………………………… **175**

　　第一节　1789年到1835年的西北地区 ………… 175
　　第二节　政治纷争与人口增长 ………………… 183
　　第三节　下加拿大省的政治纷争 ……………… 192

第七章 ………………………………………… **203**

　　第一节　上加拿大省的政治斗争 ……………… 203
　　第二节　新斯科舍省的政治斗争 ……………… 214
　　第三节　新不伦瑞克省的政治斗争和问题 …… 222
　　第四节　布雷顿岛、爱德华王子岛和纽芬兰 … 230

第八章 ………………………………………… **237**

　　第一节　下加拿大省叛乱 ……………………… 237

第二节　上加拿大省叛乱 …………………… 251

第三节　达勒姆爵士和他的调查报告 ………… 263

第四节　上下加拿大联盟 ……………………… 267

第五节　新不伦瑞克和新斯科舍建立责任政府 ……… 276

第九章 ………………………………………… 287

第一节　《叛乱损失议案》
　　　　提出联盟计划 ……………………… 287

第二节　《互惠条约》 ………………………… 297

第三节　爱德华王子岛、纽芬兰及西北地区
　　　　和不列颠—哥伦比亚 ……………… 303

第一节 庞蒂亚克之乱

《巴黎和约》签订前,由于宗主国的突然变更,殖民地西部出现了新的问题。随着蒙特利尔的沦陷,西部的密歇根马基纳克堡、底特律堡、普雷斯科岛等接连不保。当时的西部印第安部落主要由一位了不起的渥太华酋长庞蒂亚克统治。庞蒂亚克声望极高,秉性聪明,雄辩滔滔,有胆有识,堪称北美印第安人中的翘楚。虽然他只是渥太华的首领,但他不止影响了渥太加米人、休伦人、索克人①、帕塔瓦米人②、欧及布威人和怀安多特

---

① 索克人(Sacs)是北美东部林居(Eastern Woodlands)文化区内的一支印第安人。——译者注
② 帕塔瓦米人(Pottawattamies)是生活在上密西西比河与五大湖区的印第安人,说帕塔瓦米语。——译者注

人①，甚至影响了弗吉尼亚边境的特拉华人和沙瓦诺人。不过，在易洛魁人中，只有塞内卡人臣服他。一开始，庞蒂亚克很不情愿地接受了英国的统治。很快，他就发现，随着法国统治的结束，他的人民也变得不再重要了。没人再需要和他们结盟了，也没人送礼物来部落安抚他们了。英国人犹记得他们在前线的暴行，又看到他们目无法纪，所以对他们既轻蔑又冷漠。伟大的部落酋长居然和乡村老妪、光腚儿童一样不受重视，对傲慢的庞蒂亚克来说，这简直无法忍受。他觉得再这样下去，印第安人只会有两种结果：要么在白人的西部开发洪流中去往更远的西部，要么放弃祖传的基业逃向更荒凉的地方。这两种结果他都接受不了。于是，他试图将所有的印第安人联合起来，反抗英国的统治，最终将他们赶出加拿大，但他完全低估了英国人的力量。在策划这次鲁莽的行动时，他受到一些法国皮货商人的蛊惑。法国皮货商人说，法王路易十五准备复仇；一支大军奉命前来歼灭敌人。此外，新奥尔良的商人也暗中支持庞蒂亚克。

庞蒂亚克的阴谋策划得非常周密。1763年5月7日，也就是《巴黎和约》签订三个月后的那天，庞蒂亚克准备开始行动，他将亲自率部突袭西部最坚固的底特律堡。

---

① 怀安多特人是北美的一支印第安人，原居住在安大略湖北岸，后迁至乔治亚湾。1615年，尚普兰发现了怀安多特人。——译者注

挥舞战斧的庞蒂亚克。绘者信息不详

怀安多特猎人在大石头下露营。科尼利厄斯·克里格霍夫（Cornelius Krieghoff，1815—1872）绘

第一章

但一个年轻的印第安女人将行动计划泄露给了指挥官格亨利·拉德温①少校。7日早上，庞蒂亚克带着一队首领前往底特律堡，假装要开会。每个人都在他们的披风里藏了一枝枪管截短的步枪。荷枪实弹的英军列队接待了他们。庞蒂亚克见状，并没有惊慌，煞有介事地做了一些事后就撤了回去。第二天，他又去了底特律堡，却被警告离远点儿。他这才意识到计划已经泄露了。很快，印第安战争的火焰就燃遍了西部。底特律堡首先被包围了。尼亚加拉派来的援军被印第安人打得四散而逃。桑达斯基堡、普雷斯科堡、伯夫堡和韦南戈堡接连被攻占、摧毁。宾夕法尼亚、马里兰、弗吉尼亚境内血流成河。底特律堡的守军试图突破庞蒂亚克挖的战壕。但印第安人很会布阵。守军要想突围，首先得通过一座横跨水道的窄桥。一旦他们上桥，就会被猛烈的火力压回去。因为死在桥上的英军太多了，所以这座桥就被命名为"血桥"。不久，庞蒂亚克的追随者准备夺取密歇根的马基纳克堡。7月4日是英王乔治三世的生日。为了庆祝他的生日，奥吉布威人举行了一场曲棍球比赛。马基纳克堡的军官们受邀前去观看比赛。他们毫无戒备地出了城。比赛进行了好几个小时，兴致颇高的军官们甚至赌起了

---

① 亨利·拉德温（Henry Gladwyn，约1729—1791），英属北美殖民地军官，在七年战争和庞蒂亚克之乱中屡立战功。——译者注

球。这时,城门开了,许多将枪藏在披风下的印第安女人进了要塞。最后,奥吉布威人的球员跟着球赶到城墙根,然后突然冲了出去。这时,真正的战斗打响了。奥吉布威人高喊着冲进城门,抓起了武器。守城的英军还没反应过来,十五个士兵已经死在战斧之下,其他人全部束手就擒。

到了仲夏,费城派亨利·布凯①上校去支援西部战事,同时加强皮特堡的防御。他有胆有识。经过激烈的丛林战役(有时称"埃杰山之战"),他打败了特拉华人和肖尼人。这是一场转折性的战役,庞蒂亚克的盟友被打败了。有些动摇的部落退出了战争。第二年(1764),攻克弗龙特纳克堡的约翰·布拉德斯特里特奉命前去收复底特律堡,消灭庞蒂亚克的势力。他完成了第一个目标,接受了一些敌对的印第安部落的投降。但他讨伐庞蒂亚克的指导思想出了问题,错误地对待印第安人,而且受到虚假承诺的欺骗。面对强大的英军,庞蒂亚克率部撤了回去,折而向西。直到1766年,威廉·约翰逊

---

① 亨利·布凯(Henry Bouquet,1719—1765),瑞士雇佣兵,英军杰出指挥官。丛林战役打败特拉华人和肖尼人,解皮特堡之围,成为他军旅生涯中的经典,但同时因此背负骂名。据说,他默许部下将带有天花病毒的毯子送给了敌方的谈判代表,以生物战的方式削弱了印第安人的战斗力。这种惨绝人寰的暴行成为他的人生污点。1765年,他晋升为陆军准将后不久病逝,死因可能是得了黄热病。——译者注

庞蒂亚克率部包围底特律堡。弗雷德里克·雷明顿
（Frederic Remington，1861—1909）绘

庞蒂亚克带着一队首领前往底特律堡,拜会要塞指挥官亨利·拉德温少校。每个人都在他们的披风里藏了一枝枪管截短的步枪。亨利·达文波特·诺斯罗普(Henry Davenport Northrop,1836—1909)绘

马基纳克堡。赛斯·伊士曼(Seth Eastman,1808—1875)绘

激烈的丛林战役。查理·威廉·杰弗里斯（Charles William Jefferys, 1869—1951）绘

结束了约翰·布拉德斯特里特的错误做法，庞蒂亚克才最终投降。之后，所有敌对的印第安部落纷纷投降，边境恢复了和平。一年后，在一次私人冲突中，这位伟大的部落酋长被一位伊利诺伊勇士杀于密西西比的卡霍基亚贸易站。

第二节 《魁北克法案》

从1760年英国占领加拿大到1763年法国正式割让，加拿大一直受军政府统治。虽然这是一种专制统治，但统治者比较开明，所以被统治者没什么怨言。《巴黎和约》签订后，人们获悉，一切事务妥善处理后，加拿大应该像英国其他殖民地一样建立代表议会制。于是，英国人纷纷涌入加拿大。他们获赐土地，享受免交土地租金的优惠待遇，条件是他们必须效忠王室，遵守法律。但十年后，这些土地的享有者需要交一小笔所谓的"免役地租"，这样可以免除为王室服徭役或兵役的义务。督军和议会共同执政，以庭审制为基础的英国法律代替了法国法律。

随着适用法律的改变，新的矛盾——被称为"新人"的英国移民和被称为"老人"的法裔加拿大人之间的矛盾——出现了。在邻居面前，英国人目中无人，一派征

第一章

服者俯视被征服者的姿态。在他们看来，只有英国法律才是最公正的法律，庭审制可以大大保护他们的自由。法国人并不反对刑事案件使用庭审制，这样他们可以避免不经审判就锒铛入狱。然而，他们坚决反对普通的民事案件使用庭审制。他们抱怨庭审过程既耗时又费钱。在喜欢用法律解决一切争议的英国人的眼里，这无疑是个严重的缺点。但法国人的辩驳也不无道理，他们希望法官是懂法、释法的人，而不是临时从办公桌前、柜台后面或田间地头召来的一帮还着急回去做自己事情的人。而在英国移民看来，法国法律中有些内容实在难以接受，譬如土地买卖、抵押借贷和婚姻等方面。

在封建领主土地所有制下，除了要支付售卖人开出的地价外，购买庄园土地的人还要额外上交成交价十二分之一的金额给领主。除了土地交易外，所有房产交易也要交这种税，而房产交易额远超土地交易额。领主一本万利，在英国人看来，这种制度存在缺陷。因此，他们无法容忍。

法国的抵押借贷制度让新来者更不适应。抵押借贷法规定，一个人用土地抵押的方式贷款是私密的、不可公开的。因此，一个人可以把他的农场抵押好多次，然后再悄悄地卖掉。不幸的购买者很有可能被法院判罚变卖地产，还钱给那些持有抵押证据的人。事实上，这种情况并不多见，那些"老人们"也没有必要将所有的抵押公证。

关于婚后妻子的财产问题，法国婚姻法有详细的条款规定。不明就里的英国人婚后，经常发现这些条款很气人。根据法国婚姻法，妻子拥有两种分割丈夫财产的权利："遗孀财产"和"伴侣财产"。前者指，丈夫去世后，妻子可以得到他一半的财产；后者指，丈夫的一生中，妻子拥有他全部财产。伴侣财产分割会引发不少问题。譬如，如果妻子死在丈夫前，那么她的那份财产就必须立刻传给她的子女；如果没有子女，则要传给关系最近的亲属。因此，人们有时会发现自己的个人财产突然就成陌生人的了。不过，如果签订婚前协议，这种意外就不会发生。

因为这些问题的存在，英国统治加拿大后的前十年里，冲突和纠纷时常发生，但加拿大日益富裕、人口增长迅猛却是不争的事实。因此，大多数加拿大人感到称心如意。人们对第一任督军默里将军的评价颇高，而默里的继任者盖伊·卡尔顿爵士[①]也偏爱法裔加拿大人，而不是那些爱喧闹的英国移民。只要法律允许，盖伊·卡

[①] 盖伊·卡尔顿爵士（Sir Guy Carleton，1724—1808），1768年到1778年，他两任魁北克总督，同时兼任英属北美殖民地督军。1785年到1795年，他再任英属北美殖民地督军。美国独立战争时期，他是英军指挥官之一。1808年11月10日，他突然病逝于斯塔宾斯。——译者注

盖伊·卡尔顿爵士。绘者信息不详

尔顿爵士总会支持法裔加拿大人。法裔加拿大人在盖伊·卡尔顿爵士的关怀下，自身权益受到最大限度的保护。1774年，英国议会通过了著名的《魁北克法案》。该法案划定了魁北克的省界，南至俄亥俄，西至密西西比。然而，法案没有像英国人所期望的那样，在加拿大建立代表立法机构，而是将政府完全交由督军和议会负责。法案影响最深远的条款就是恢复《法国民法》，建立罗马天主教区。因此，虽然加拿大名义上归英国统治，但实际上更像是法国的殖民地。这解决了一个实际问题，即法裔加拿大人是应该被英国人同化，还是在保留自己语言和传统的前提下与英国人共同发展。这个问题曾在英国众议院被激烈地讨论，结果让怀有民族自豪感的法裔加拿大人民振奋。这种实实在在的政策远比抽象的公平正义来得更实惠。英国殖民地的边境终于摆脱了法国人的威胁。为了争取更多权利，于是他们团结起来和母国抗争。英国政治家对北部法裔加拿大人的评价越来越高，认为他们忠诚顺从，永远把遵守教义和效忠王室放在第一位。

第三节　新斯科舍纪事

当圣劳伦斯河流域的发展渐趋成熟，经历巨大变化

第一章

时，新斯科舍正在慢慢愈合伤口，稳步发展。当时，新斯科舍疆域辽阔，包括现在的新不伦瑞克和爱德华王子岛。圣劳伦斯湾沿岸的里奇布克托河口、米拉米奇河口、内匹西圭河口和雷斯蒂古什河口，卡蒂埃首次登上北美大陆时都到过。现在，这些地方住着阿卡迪亚人。经过那些躲过驱逐劫难的阿卡迪亚人的建设，这片土地非常繁荣。这些定居点在之前的战争中，饱受饥荒瘟疫的困扰和英国战舰的摧残。魁北克沦陷时，许多村子纷纷派人前往圣劳伦斯堡向英军投降，请求英军赐予他们食物，帮助他们过冬。1760年7月，蒙特利尔失陷两个月前，一支停在雷斯蒂古什河口的法国舰队被从路易斯堡驶来的五艘英国战舰发现了，海战随即爆发。战斗中，法国战舰有的被击沉，有的被俘获。河口附近无辜的珀蒂特罗谢尔村也在两军的炮火中化为灰烬。雷斯蒂古什河口之战是英法之间的最后一战。蒙特利尔沦陷后，印第安人派代表到圣约翰河口的弗雷德里克堡，宣誓效忠乔治三世，愿重续1726年与英国签订的条约。与此同时，所有忠于英王的阿卡迪亚人享有组建代议制政府的权利。代议制政府代表盎格鲁—撒克逊人自由。1758年10月，新斯科舍议会在哈利法克斯召开，这是这片土地上的首次代表大会。会议由二十二位议员组成，分别代表哈利法克斯、安纳波利斯、达特茅斯、卢嫩堡和坎伯兰。在这种变化的刺激下，新英格兰山区的居民纷纷走了出来，用他们的山地农场换取康沃利斯、安纳波利斯、埃文和舒贝那卡迪肥沃平坦的草地。1759年到1763年，新斯科舍就新增七千多新英格兰移民。宾夕法尼亚和苏格兰高地的拓荒者在诺森伯兰海峡的岸边定居下来，他们的定居地被称为"皮克图"。

与此同时，来自马萨诸塞的新英格兰人占据了圣约翰河流域奥罗莫克托河口处肥沃的土地，并将其命名为"茂格维尔"。不久，今新不伦瑞克所在地建起一个叫"森伯里"的县城，行政上归新斯科舍。早期许多到皮克图和茂格维尔拓荒的人历经千辛万苦，不是种庄稼颗粒无收，就是面对极端天气手足无措。当时，安纳斯波因特也就是现在的弗雷德里克顿，有一个阿卡迪亚人定居点。这个法国小村庄让我们想起了阿卡迪亚首府还是纳什瓦克河口对面的维勒邦堡时的那些日子。阿卡迪亚人聚居在凯西克河口肥沃的土地上，这里距下游的弗雷德里克顿十英里远。

当时，爱德华王子岛叫圣约翰岛，命名者是它的发现者约翰·卡伯特。这里土地肥沃，渔产丰富，但人口稀少。1758年，英军夺取路易斯堡时，岛上只有四五千居民，大部分是大驱逐时期从博塞茹尔和米纳斯逃来的阿卡迪亚人。《巴黎和约》签订后，政府仔细勘察了该

第一章

岛,不但测量了它的疆域,评估了它的资源,而且为它将来的移民和发展制订了详细规划。原来的法国贸易重镇拉茹瓦港被选作首府,改名为"夏洛特敦"。1767年,王室将圣约翰岛上的土地赐予英国军官和同级别的英国人,只向他们收取少量的免役租金,条件是在接下来的四年中,各获地人必须确保每两百英亩土地引进一个实际的定居者。因为土地得来太容易,所以获地人一点儿也不珍惜。有时,就为了几个小钱,他们就把土地卖了;有时,他们把土地当赌注输掉了。最后,这个"海湾花园"就落入了少数几个不关心圣约翰岛发展的地主手中,他们大都住在英国,在得到巨额土地的同时,根本不打算履行义务。这种状况严重地影响了圣约翰岛的发展,后来还导致一些恶性事件发生。地主们要求将圣约翰岛以及岛上为数不多的殖民者从新斯科舍分出来,建立一个新省。这件事发生在1770年,沃尔特·帕特森[1]上校被任命为首任总督。虽然总督的工资微薄,但政务却异常繁忙,这种情况在其他省很罕见。总督下还有一整套政府班子,这些官员的薪水估计和总检察长的差不多,每年一百英镑上下。就这么一小笔开支,总督有时都会发

---

[1] 沃尔特·帕特森(Walter Patterson,约1735—1798),圣约翰岛首任总督。他大量没收并出售圣约翰岛地主的土地,后被英国政府罢免。1789年,他回到英国。——译者注

现他入不敷出。虽然人口奇缺，也缺乏作为省份的其他必备条件，但这里还是制定了议会选举条例，并在1773年成功召开了第一次会议。

第一节 英国和十三殖民地之间的矛盾

波士顿、费城和纽约为庆祝征服加拿大而点起的篝火还未熄灭,殖民地人民对王室赞歌的余音尚存,令人不快的争执便发生了,最终导致了一场民族大分裂。《巴黎和约》签订时,就有高瞻远瞩的观察家分析,在赶走法国的同时,英国也失去了对殖民地强有力的控制。事实上,各殖民地刚不需要祖国母亲提供强大保护,就忘掉了祖国母亲对他们的关爱。现在,来自法国入侵的威胁解除了,这些殖民地不再紧紧地拽着祖国母亲的衣裙了。他们不用在家门口抗击来犯之敌,就把多余的精力用来反抗国王派来的军官,抱怨议会的条例规章。他们自认为受到了不公正的待遇,所以牢骚满腹。而这些不公正恰恰成为将剑指向自己祖国的理由。其间的是非曲直，没有人能说清楚。祖国倾尽全力，不惜代价，为他们而战，最终消灭了他们的敌人。从英国的角度来说，七年战争纯粹是争夺殖民地的战争。为了完成这项伟业，英国当时背负了巨大的债务。因此，英国让殖民地为她做出点儿贡献，分担一部分债务，是无可厚非的。而做贡献唯一的方式似乎就是税收了。然而，各殖民地在英国议会中没有代表，而英国自由区有个极"可爱"的原则，即没有代表就无须纳税。面对矛盾，双方本该用一种睿智而柔和的方式解决，但没有一方表现出睿智和柔和。殖民地人民想方设法逃避偿还战争债务的忘恩负义之举，引起英国政府的震怒。而殖民地人民则认为，英国政府漠视人权，践踏了他们神圣的权利。殖民地人民本来就怒火中烧，再加上一些蛊惑者（现在被历史书树成了爱国者形象）的煽动，他们最终公开叛乱。但美洲殖民地存在真正的爱国者，效忠派里有，革命派里也有。其中，最杰出的爱国者非乔治·华盛顿莫属。他真诚勇敢，为了国家利益甘愿牺牲自己的一切，赢得了朋友甚至敌人的尊重。不过，乔治·华盛顿以及像他一样的爱国者并没有煽动人们造反，而是展现了他们对英国的绝对忠诚。为了消除双方的积怨，他们还积极寻找调解的办法。不幸的是，双方都受到了政治上鲁莽、鼠目寸光之人意见的左右。

第二章

我们先来看一下各殖民地人民都在抱怨些什么。他们的不满主要集中在关税和贸易干预两方面。为了确保英国商业、制造业和造船业的利益，殖民地的航运一直受到严厉的航行法限制，殖民地的制造业受到各种禁令的抑制，殖民地的商品只允许运到英国的港口销售。殖民地盛产的毛皮、兽皮、棉花、靛蓝染料、烟草和糖等商品只许卖给英国，只有英国船才有权驶入殖民地的港口。当然，这些禁令造成的后果必然是大量商品走私的出现，这样一来，殖民地人民才能获得更多的利润。当英国开始打击走私活动时，殖民地人民立刻起来反抗。英国政府曾经糊涂到动用皇家的陆海军来保证税收稳定。所以，穿皇家军服的人成了殖民地人民最痛恨的对象，他们横征暴敛，独断专行。英国军队根本看不起殖民地的民兵。事实上，民兵的单兵作战能力一点儿都不亚于英国士兵。英国军队目空一切、不可一世的态度，引起殖民地人民的厌恶。有人说，革命的种子其实是那些傲慢无礼的英国军官种下的，他们招致殖民地所有军队的憎恨。

然而，引起革命的直接导火索是印花税和茶叶税的出台。1763年的《印花税法》规定，人与人之间签署的合同、契约、遗嘱等书面协议必须盖有政府公章才具有法律效力。这些税虽不重，但种类繁多，涉及生活的方方面面，涉及每个人。这时皇家议会公然宣称，虽然它没有代表殖民地的利益，但照常征税。《印花税法》既不合适也不高明。威廉·皮特等聪明的政治家竭力反对，但反对无效。之后，大西洋沿海地区掀起了一轮又一轮的激烈抗议。殖民地人民联合起来，有组织地武力抗争。负责收税的官员吓得连忙辞职。反抗风暴不断升级，最后时刻英国政府妥协了，废除了《印花税法》（1766）。各殖民地暂时安静下来了，但这种安静就像休眠的火山一样危险。议会另一个错误的决定是，向所有运抵殖民地港口的茶叶征税。这再次激怒了殖民地人民。波士顿成了动乱的中心，那里的一艘税务艇遭到攻击并被烧毁。一个售卖英国货的商人被人们用石头砸死在街头。教区的牧师鼓动人们暴动，于是就诞生了"波士顿茶叶党"，出现了倾倒茶业这样的闹剧（1773）。一些波士顿居民伪装成野蛮的印第安人登上了一艘英国货轮，把船上所有的茶叶都倒进了大海里。当然，这种可笑的行为是一种严重的蓄意犯罪，触犯了法律。但有时，人们会认为这是一次有尊严的爱国者抗议不公正税法的壮举。愤怒的英国政府马上做出了反击，关闭了波士顿港口，撤回了马萨诸塞的特许权。

战争似乎一触即发。为了讨论互相支持的办法，各殖民地的人们提出召开一次大陆会议。1774年，第一次

一些波士顿居民伪装成野蛮的印第安人登上了一艘英国货轮,把船上所有的茶叶都倒进了大海里。史称"波士顿倾茶事件"。
纳撒尼尔·科利尔(Nathaniel Currier,1813—1888)绘

1774年,第一次大陆会议在费城召开。绘者信息不详

第二章

大陆会议在费城召开。之后，一份充斥着强烈抗议的咨文递到英王乔治三世那里。殖民地人民最大的怨气之一就是《魁北克法案》的通过。清教徒移民声称，对他们来说，一个罗马天主教省在北方建立是一种威胁，令他们无法容忍。1775年5月，费城召开了第二次大陆会议。会议紧急呼吁新斯科舍和魁北克两省要与姐妹省联合起来，共同反抗英国政府的暴政，但魁北克和新斯科舍不为所动。在呼吁加拿大采取行动时，呼吁者对罗马天主教人民极尽奉承和哄骗之能事，这与一年前他们的言辞截然不同。魁北克聪明的牧师们对他们这种态度上一百八十度的转变嗤之以鼻。

第二节 战争开始
革命派入侵加拿大

第二次大陆会议召开前几周，双方已有交锋，战争已经开始。他们彼此都无法容忍对方。1775年4月19日，波士顿英军指挥官托马斯·盖奇[1]将军派了一支小

---

[1] 托马斯·盖奇（Thomas Gage，约1718—1787），英属北美殖民地资深军官。他出生于大贵族家庭，很早就投身军旅。七年战争时，乔治·华盛顿与他在莫农加希拉并肩作战。邦克山战役胜利后，威廉·豪将军取代了他，他回了英国。——译者注

分队去夺列克星敦村的几个民兵的供应站[1]。但这支小分队被突然冒出来的一群"极速民兵"[2]包围了,损失惨重。无可奈何之下,英军退回了波士顿,他们没有完成使命,也没能摧毁民兵的供应站。两个月后,邦克山战役爆发了。人们通常认为,英军败了,但实际上胜了,尽管伤亡惨重。在攻下民兵的阵地前,英军被击退了两次。虽然民兵英勇地坚守阵地,但最终还是被彻底击溃。现在,陈列在魁北克城的战利品仍然无声地宣告着民兵的失败。该战利品是英军在邦克山战役时缴获的一门加农炮。

民兵们以联合殖民地的名义,组成了大陆军。他们声称,他们的目的不是要寻求独立,而是要获得他们所主张的权益。费城召开的大陆会议做出如下决定:如果加拿大不渴望自由,那么就要把自由强加给它。在英国的援军到来前,强行夺取加拿大被提上了日程。令人敬畏的伊桑·艾伦[3]上校率领佛蒙特突击队(又称"青山

---

[1] 史称"列克星敦的枪声",有学者认为,这标志着英属北美十三殖民地独立战争的开始。——译者注
[2] 波士顿附近的民兵武装因执行任务时行动迅速而被称为"极速民兵"。他们作战机动灵活,英军大受其苦。——原注
[3] 伊桑·艾伦(Ethan Allen, 1737—1789),农场主、商人、哲学家、作家、独立战争时期的爱国者和政治家。1775年9月,他谋攻蒙特利尔时战败被俘,先是被囚禁在皇家海军的战舰上,后在纽约获得假释。1778年,他完全获得自由。——译者注

英军小分队被突然冒出来的一群"极速民兵"包围,列克星敦战役打响。该作品现藏于纽约公共图书馆。绘者信息不详

令人敬畏的伊桑·艾伦率领佛蒙特突击队突袭了泰孔德罗加堡。伊桑·艾伦要求泰孔德罗加堡投降。该作品现藏于纽约公共图书馆。绘者信息不详

第二章

兄弟连")突袭了泰孔德罗加堡和克朗波因特堡,打开了进入加拿大的门户。理查·蒙哥马利将军率领三千人取道黎塞留河,前往攻打蒙特利尔;本尼迪克特·阿诺德[①]上校率领一千两百人先逆肯纳贝克河而上,再顺邵迪艾尔河而下,去攻打魁北克。盖伊·卡尔顿爵士只有四百名正规军和五百五十名左右的法裔加拿大志愿军迎战两支来犯之敌。大多数法裔农民一生饱受战争之苦,这次决定保持中立。尽管牧师呼吁,领主劝说甚至命令,他们依然拒绝响应政府的号召。尽管如此,我们仍然要感谢他们,因为有他们才有今天的加拿大。如果没有几百个法裔加拿大人团结起来守卫英国国旗,如果法裔同胞没有坚持中立的立场,魁北克早已失陷。法裔同胞拒绝归顺大陆军,就是在为英国而战!

我们应该永远记住盖伊·卡尔顿爵士。要不是他坚强不屈,大陆军就胜利了。大陆军强渡黎塞留河,攻取了圣约翰堡和杉布历堡,占领了蒙特利尔。盖伊·卡尔顿爵士乔装打扮,躲过抓捕,逃回魁北克,准备最后一战。盖伊·卡尔顿爵士肃清了所有同情大陆军的百姓,将他们全部驱逐出城外。在留下的忠诚的百姓中,他又选拔了几百名勇士,组建了一支志愿军。他的军队只有区区

[①] 本尼迪克特·阿诺德(Benedict Arnold,1740—1801),美国独立战争时期大陆军名将,后变节归顺英军,被授予陆军准将。——译者注

一千六百人，人数虽少但却值得信任。盖伊·卡尔顿爵士做好了背水一战的准备。

在寒冬中，本尼迪克特·阿诺德率军勇闯荒野，历经艰难，终于抵达魁北克。本尼迪克特·阿诺德要求魁北克立刻投降，回答他的是城头大炮射出的炮弹。本尼迪克特·阿诺德见状赶忙撤军，后来在亚伯拉罕平原安营扎寨。不久，理查·蒙哥马利率军从蒙特利尔赶来与他会合。于是，魁北克城被紧紧包围了。不过，大陆军暴露在旷野中，经历着寒冬，苦不堪言。因为无法引诱法裔加拿大人出城，所以他们非常气恼。他们很清楚，如果战局僵持到春天，英国舰队就会来援。形势逼人，大陆军决定冒险一搏。

1775年的最后一个晚上，夜黑风高，为了夺取魁北克，大陆军决定发动突袭。大陆军佯攻亚伯拉罕平原对面的城墙，而两支突袭纵队悄悄逼近下城区。一旦夺取下城区的街道，大陆军就可以搭梯子爬上城墙进入上城区。本尼迪克特·阿诺德带领第一纵队穿过圣罗克郊区，从圣查理一侧靠近城门。经过一番激战，虽然本尼迪克特·阿诺德负了伤，但攻克了守卫下城区城门的双炮炮台，从而进入城门。一时之间，街道上火光冲天，震天的喊杀声不绝于耳。就在这时，一支部队从上城区杀出，痛击了大陆军的后方，俘敌四百，余敌抱头鼠窜。

第二章

由理查·蒙哥马利率领的第二纵队经沃尔夫山坳抵达圣劳伦斯河岸,试图通过今尚普兰街所在的小路进入魁北克。路口有一支加拿大军队把守,他们有一门小炮,装有葡萄弹的炮筒直指小路。大陆军在黑暗中悄悄前行,直到他们认为已经到达足够安全的地带时,突然冲上来争夺哨岗。然而,他们还是遭到了猛烈的炮击,密集的葡萄弹向他们轰来,大陆军的先头部队成排地躺倒在地,其中包括理查·蒙哥马利和他的两名副官。理查·蒙哥马利的残部顾不上那些刚刚死去的战友,连忙逃窜。不久,他们的尸体就被鹅毛大雪覆盖了。第二天早上,这些尸体被运进了魁北克城。理查·蒙哥马利的尸体受到特殊照顾,安葬在圣路易斯堡,刻石碑作纪念。这位伟大的将领在黑暗和失败中可怜地死去了,但他因生前英勇仁慈,死后得到了对手的尊敬。他的死与他所崇拜的长官詹姆斯·沃尔夫之死正好形成鲜明的对照。巧合的是,加拿大入侵者理查·蒙哥马利和加拿大守卫者盖伊·卡尔顿爵士作为詹姆斯·沃尔夫的部下都参加了他指挥的最后一次战役,而且都将詹姆斯·沃尔夫视为当兵和做人的典范。

这次灾难性的失利后,大陆军不再发动进攻,而是严密地封锁了魁北克。春天来了,英国援军眼看就要到了,大陆军发起了围攻。不过,大陆军还没有取得实质

盖伊·卡尔顿爵士率军与大陆军激战。
查理·威廉·杰弗里斯绘

本尼迪克特·阿诺德。托马斯·哈特
(Thomas Hart,生卒不详)绘

理查·蒙哥马利和他的两名副官战死。约翰·特兰伯尔（John Trumbull，1756—1843）绘

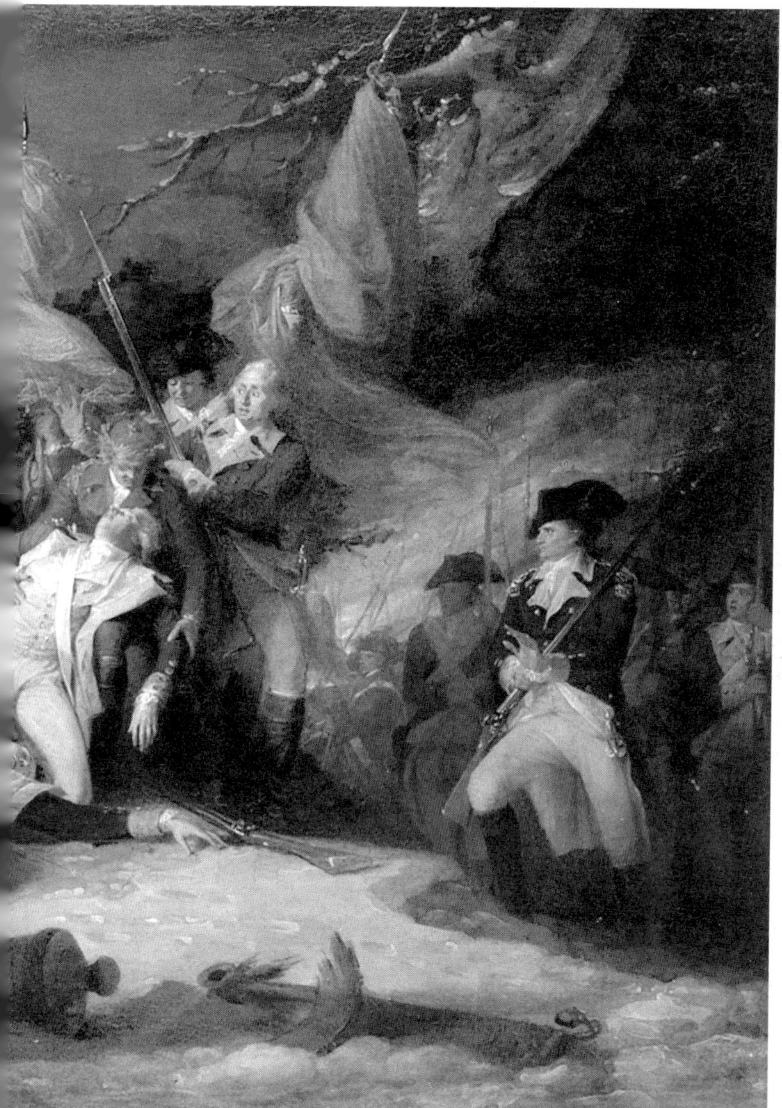

性进展,守军欢呼起来,原来他们看到英国舰队已驶入了圣劳伦斯河。大陆军慌忙撤退。这时,盖伊·卡尔顿爵士率部冲出城门,猛烈开火,夺取了大陆军的大炮。于是,大陆军的撤退演变成了一场溃败。几周后,一小队正规军和印第安武装从西部的要塞赶来,帮助加拿大抵御大陆军。在圣劳伦斯河的雪松急流处,他们袭击了大陆军的一支部队,俘敌四百。这是1776年5月发生的事。6月,大陆军的一支部队进攻三河城。加拿大民兵和正规军与大陆军势均力敌。战斗异常激烈。大陆军最终被击溃。援军源源不断地进驻加拿大,大陆军开始放弃所有的据点,包括蒙特利尔,退守尚普兰湖。大陆军依靠尚普兰湖上的一支小舰队,暂时稳住了战局。英军用了一个夏天的时间,组建了一支反击舰队。秋天,反击舰队便出现在尚普兰湖上,与大陆军的舰队展开了殊死搏斗。最后,大陆军的舰队灰飞烟灭了。撤离时,大陆军炸毁了克朗波因特堡。尚普兰湖重新回到英军手里。盖伊·卡尔顿爵士在核桃岛修筑了防御工事,加拿大的大门再次将敌人关在了外面。

第三节 殖民地终获独立

加拿大已将入侵者赶走了。虽然接下来的战争并非

第二章

加拿大历史的一部分，但战争的结果却对加拿大非常重要，所以有必要简单地介绍一下。1776年，在费城召开的第二次大陆会议发表了著名的《独立宣言》。因为许多移民效忠英国，所以这场战争就变成了一场内战，兄弟相互残杀，父子兵戎相见。效忠派中最重要的一支力量是易洛魁人，他们深受威廉·约翰逊爵士的影响，誓死效忠英国王室。乔治·华盛顿审时度势，没有率领他的民兵跟训练有素的皇家军队战斗。他从未跟皇家军队进行阵地战，痛快地将其击败。然而，在与皇家军队坚持不懈的周旋中，他慢慢地收复了一个个据点。在长岛的一次正面交锋中，要不是英军统帅威廉·豪①有所懈怠，大陆军早就覆灭了。威廉·豪从纽约出发，在布兰迪维因战役中击败乔治·华盛顿，接着占领了费城。皇家军队在费城过冬、休整。

同年，约翰·伯戈因将军在加拿大组建了一支由八千正规军和一千印第安友军组成的部队。他准备率部逆尚普兰湖而上夺取艾尔巴尼，再沿哈得孙河而下攻占纽约，将大陆军切为两段。但他的计划彻底失败了。行军途中，约翰·伯戈因一直受到殖民地民兵黄蜂一样

---

① 威廉·豪（William Howe，1729—1814），美国独立战争时期英军第二任总司令，他高大、强壮、诙谐、幽默，深受将士爱戴。不过，他同情殖民地人民，虽然屡败大陆军，但平叛未尽全力，终致功败垂成。——译者注

第二次大陆会议发表著名的《独立宣言》。约翰·特兰伯尔（John Trumbull, 1756—1843）绘

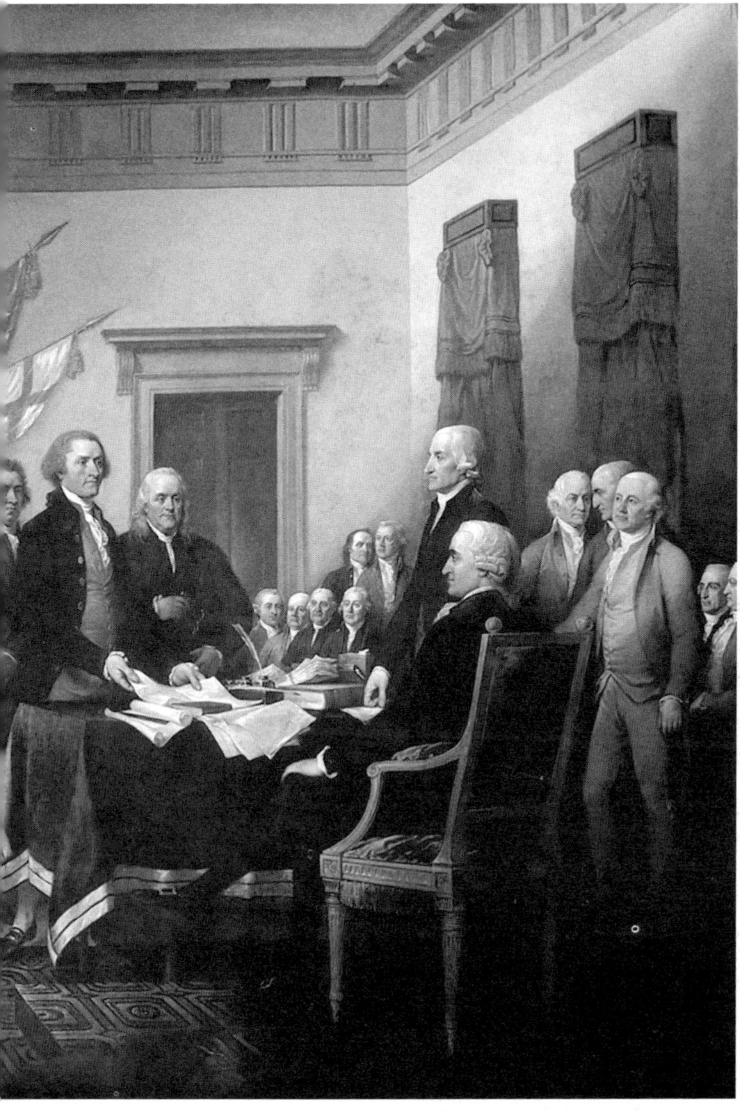

布兰迪维因战役。乔治·华盛顿率军进入战场。
霍华德·派尔（Howard Pyle，1853—1911）绘

第二章

的袭扰,他们还经常切断他的粮道。疾病、脱逃和狙击手的冷枪让他的部队不断减员。后来,他只剩下不到六千的兵力。绝望中,他率部撤到萨拉托加,不久被雷霍肖·盖茨[①]将军率领的大军包围。最后,约翰·伯戈因被迫投降。

这是大陆军在战争中取得的一次大捷。此时,法国宣布支援大陆军。七年战争失败后,法国一直等待复仇的时机。法国承认造反的殖民地是拥有独立主权的国家,并拔刀相助。英国立刻发现它又卷入了一场欧洲战争。荷兰认为是时候羞辱它的宿敌了。西班牙希望趁机夺回直布罗陀。英国的敌人决定命运的时刻到了,不分种族,无论地域,他们同时向英国开战。虽然法国的同情给了大陆军无穷的力量,但大陆军和英国的战争依然胶着,难分高下。一旦英国卷入欧洲战争,它的手脚就被彻底束缚住了。显然,它已经无力镇压殖民地的叛乱了。在阵地战中,虽然大陆军屡战屡败,但却越挫越勇,令人敬畏。英国内部也有不少人强烈反对战争。一些位高权重、睿智明理的人认为,那些造反的殖民地并非完全没有道理,应该让它们和平独立。然而,英王乔治三世非

[①] 雷霍肖·盖茨(Horatio Gates,1727—1806),本为退役英军士兵,独立战争爆发后,他再度服役,担任大陆军将军。战后,他选择退役,回到弗吉尼亚的庄园。后来,他解放了庄园的奴隶,搬到了纽约。——译者注

常固执。战争就这样僵持着,双方互不相让,火药味十足,但始终没有大的行动。威廉·豪辞职后,亨利·克林顿爵士继任英军统帅,大大加快了战争进程。亨利·克林顿夺取了查理顿,其麾下的查理·康沃利斯中尉接连取得了好几场胜利,迫使南部大陆军转入防御状态(1781)。但不久后,殖民地军队在考彭斯战役中获胜,击败了著名的效忠派领袖伯纳斯特·塔尔顿。

最后,英军在约克镇遭遇了滑铁卢。纽约当时处于法军和大陆军联合攻击的威胁之下,查理·康沃利斯撤出查理顿,紧急北援亨利·克林顿。获悉大陆军与法军的兵力远超英军后,查理·康沃利斯就在约克镇驻扎下来。接着,他下令在一块凸出到切萨皮克湾的狭长地带上修筑防御工事。他认为,这样可以获得英国舰队支援,所以会非常安全。但不幸的是,英国舰队没来,来的是法国舰队。查理·康沃利斯发现已经深陷重围,面对着兵力四倍于己的大陆军与法军。罗尚博和乔治·华盛顿指挥的联军切断了他的陆路,法国舰队挡住了他的水路。现在,要么投降,要么等着饿死。查理·康沃利斯选择了投降。这标志着战争的结束,因为英国人民不愿再战了,英王乔治三世也不愿在这种无法全力投入的战争中耗下去了。

任何头脑清醒的观察家都能发现,英国不是被大陆

第二章

军打败的。英国强大的军事力量几乎没有用在美洲大陆上，而是用在对付外敌上，无论陆战还是海战，总能迅速克敌制胜。即使英国将十分之一的战斗力用到美洲战场上，也能碾碎乔治·华盛顿的不懈努力。1782年，英国承认了美国的独立地位，将夹在大西洋和太平洋之间的美洲大片土地移交给了耀武扬威的逆子。法国和西班牙根本不希望看到这种慷慨赠与。法国帮助殖民地并非出于爱心，而是想借此打击报复它的劲敌，进而夺回新世界帝国的部分土地。但最后，法国不仅自取其辱，还背负了巨额债务。在英国的统治之下，曾经的法属加拿大繁荣昌盛，对英国无限忠诚。西部地区的肥沃土地法国永远也得不到了，因为加拿大这只幼狮的爪子比老狮子[1]的爪子更尖利，所以控制得更牢固。

加拿大人击退了入侵的大陆军后，获悉了南方正经历风暴的消息。1777年，有勇有谋的盖伊·卡尔顿爵士辞去了魁北克总督，投身军旅。他坚信战争巨浪不会蔓延到加拿大边境。弗雷德里克·哈尔迪曼德将军成了新总督。他太过严厉，不大受欢迎。然而，正是这种严厉的气势，才震慑了那些想要策反加拿大人的间谍。一开始，间谍在新斯科舍的策反很成功。圣约翰河畔的茂格

---

[1] 喻指英国。——译者注

约翰·伯戈因被迫投降。大陆军取得萨拉托加大捷。站中间的是雷霍肖·盖茨将军,而向前递出佩剑的是约翰·伯戈因。约翰·特兰伯尔绘

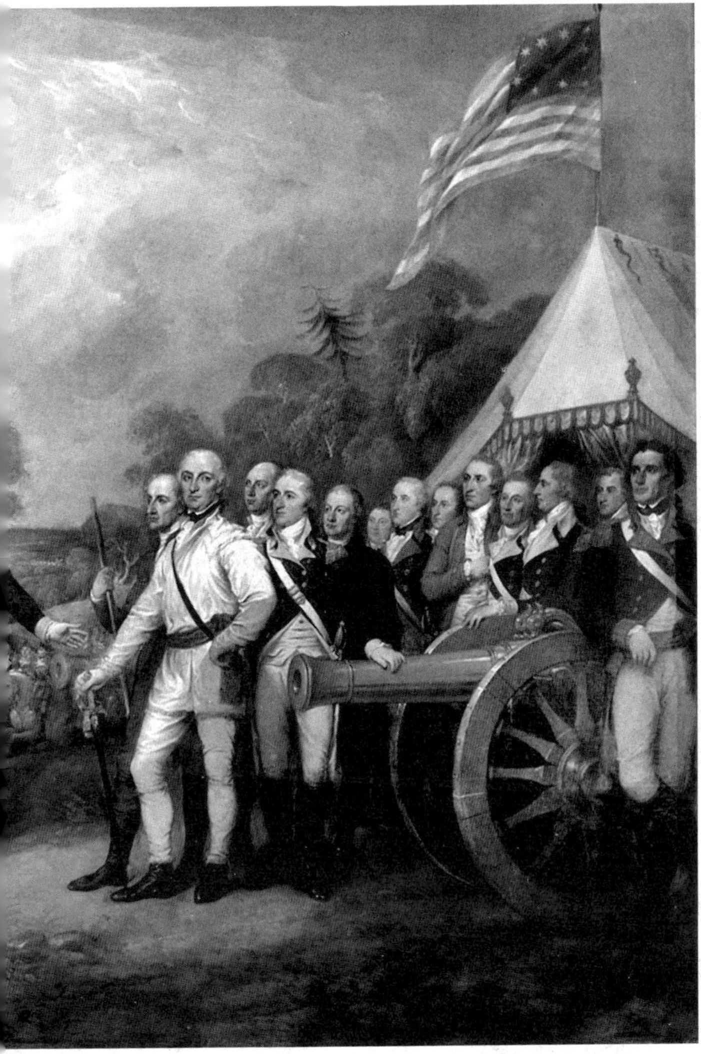

亨利·克林顿。安德里亚·索尔迪
(Andrea Soldi, 1703—1771) 绘

罗尚博和乔治·华盛顿在约克镇发动总攻前,向查理·康沃利斯下最后通牒,要求他投降。奥古斯特·康德(Auguste Couder,1789—1873)绘

查理·康沃利斯向包围约克镇的法军和大陆军投降。约翰·特兰伯尔绘

第二章

维尔人受到他们蛊惑,跟着埃迪上校前往攻打坎伯兰堡。不过,他们的行动失败了,茂格维尔人抢夺了一艘停泊在密西加施河的横帆双桅船聊以自慰。在造反殖民地的一个港口,他们卖掉了战利品。但这既没让他们赢得荣誉,也没给他们带来收益。政府要求他们赔偿帆船主人的全部损失,警告他们不可再做这种傻事后,原谅了他们。在波士顿人的蛊惑下,圣约翰河以及圣约翰湾沿岸的一些印第安人也加入了攻打坎伯兰堡的队伍。然而,经过政府的恩威并施,他们又变成了忠诚的良民。圣约翰河口有一座未设防的弗雷德里克堡,城墙下有一个渔民定居点。但来自缅因马恰斯港的一小撮强盗荡平了要塞和定居点。新生的夏洛特敦定居点和沙勒尔湾海岸一带也遭到了美国私掠船的蹂躏。许多私掠船主都是没有执照的海盗。在马萨诸塞的议会上,约翰·艾伦上校强烈地谴责了海盗的暴行。

  1783年9月3日,《巴黎和约》在凡尔赛宫签署,和平终于来到了。根据和约,加拿大做出了巨大的牺牲。虽然英国非常慷慨,但却没有得到受益方多少感激,而且这种慷慨完全建立在加拿大巨大牺牲的基础上。英国将原本属于加拿大的富饶的俄亥俄河谷,事实上是五大湖以南所有沃土都给了美国。穿过圣劳伦斯河的北纬45度线以北地区属于加拿大。因此,加拿大的南部边境就在河流中，横跨安大略湖、伊利湖、休伦湖、苏必利尔湖和伍兹湖。在东部，新斯科舍和缅因的分界线为圣克洛伊河，"从其源头开始到将其分为大西洋水域和圣劳伦斯水域的高地为止"。这种定义犯下了无法弥补的错误，它允许缅因的东北角向上插入新斯科舍和加拿大的疆域。定义的措辞相当模糊，加拿大至今仍深受其害。正因如此，边界争端始终悬而未决，只好通过战争手段解决了。

第三章

第一节 效忠派

1783年,在签署《巴黎和约》时,英国一心要向趾高气扬的敌人慷慨示好,却忘记了要礼待忠贞不渝的朋友。英国议会否定了殖民地英裔人民的英国公民权。这种做法极端自私和愚蠢,不仅引发了战争,还让英国在所有国家前失了体面。然而,让英国颜面尽失的是,在签署《巴黎和约》时,根本就没有考虑效忠派①的利益,而是任其听天由命。《巴黎和约》中没有针对效忠派的专门条款,只是笼统地请求美国国会将效忠派托付给其所在的各州管理!这招致众参两议院许多议员的愤怒和

---

① 美国独立战争时期,造反者被称为"革命派",忠于王室者被称为"效忠派"。虽然美国独立了,但许多效忠派人士依然忠于王室。——译者注

反对。威廉·威尔伯福斯①说："想到效忠派的安置问题，我就无地自容，我的祖国蒙羞了，她正趴在美国的脚下。"萨克维尔子爵②说："以牺牲这些不幸之人的利益而建立起来的和平，会受到上帝和所有人的诅咒。"然而，为难的执政者却辩称非这么做不可。他们凄惨地说："我们只有两种选择——要么接受这样的条款，要么继续战争。"但从国家荣誉角度讲，只有在战争中花完了最后一分钱，打完了最后一颗子弹，英国才可以放弃那些它有责任保护的人。我们会看到，后来，英国给效忠派的补偿只不过是迟来的一点点公道而已。

不过，主宰民族命运的上天却是公道的。历经苦难的人们必将担起建设大陆北半部分的重任，这是天意。总有一天，我们会将效忠派移民的大迁徙视为一场改变历史进程的运动，其伟大的意义、深远的影响不亚于清教徒登上美洲大陆。如果法裔同胞的辉煌是建立了一个伟大的省，那么毫不夸张地说，效忠派同胞就是加拿大

---

① 威廉·威尔伯福斯（William Wilberforce, 1759—1833），英国政治家、慈善家和禁止奴隶贸易运动的领袖。经过他二十年的不懈努力，《1807年奴隶贸易法案》（*Slave Trade Act of 1807*）最终通过，这标志着禁止奴隶贸易运动取得了重大胜利。他与威廉·皮特的友谊非常深厚。他去世后，就葬在威廉·皮特的墓旁。——译者注
② 萨克维尔子爵，也就是乔治·杰曼（George Germain, 1716—1785），英国政治家，诺斯内阁时期，适逢美国独立战争爆发，他担任国务大臣，负责北美事务。——译者注

威廉·威尔伯福斯。约翰·赖辛
(John Rising, 1753—1817)绘

国家的缔造者。三万多效忠派人士可以说是北美殖民地上的精英。他们领袖群伦，气质高贵，包括威严的法官、杰出的律师、称职的医生、优秀的牧师、各殖民地议会的议员、皇家官员、社会文化名流……革命派非常仇恨他们。大部分效忠派人士都发誓不会在美国的旗帜下生活。其他的效忠派人士虽然接受了战争的结果，强迫自己接受了新政府，但他们内心仍然对英国王室忠贞不二，因此，许多人被指控为内奸，受迫害而死。加拿大应该深深感激这批来自南方的亲戚。他们是来自缅因州到乔治亚州的精英，义无反顾地投身到了加拿大的北部开发事业中。

第二节 效忠派战时的遭遇

那些担任皇家官员的效忠派人士早在战争爆发前就遇到了许多麻烦。马萨诸塞的情况尤为明显，义愤填膺的爱国者通过极端行为来宣示他们的爱国热情。他们烧毁了总督托马斯·哈钦森①的官邸，围攻行政官员和法官，将虚弱的老人驱赶到丛林，侮辱官员的妻女。暴行只针对那些强制执行可恶税法的皇家军官，因为这些军

---

① 托马斯·哈钦森（Thomas Hutchinson，1711—1780），商人、历史学家、忠于王室的马萨诸塞政治家。——译者注

第三章

官要保证皇室有足够的税收入账。一开始,征收茶叶税和印花税的军官遭到了侮辱,被涂上了柏油,粘上了羽毛。人们认为这只是一种过激的抗议。然而,不久,这种过激的抗议就演变成了人身迫害。效忠派和革命派结下了深仇大恨,战争一触即发。效忠派中的许多平民非常忠贞,责任意识强,虽然他们通过合法的途径要求皇室赔偿他们的损失,但他们绝不造反。还有一些效忠人士感同身受,但不知如何表达自己的诉求,因为不喜欢战争,所以犹豫不决。在革命派的眼里,效忠派人士都是国贼。"国贼"这个词用来指代效忠派,不过是旧词新用罢了。

当然,效忠派也不甘示弱,称革命派才是国贼。在革命派人数远超效忠派的地区,效忠派被迫寻求皇家部队的庇护,因为他们经常遭到毒打,庄园被抢,接着要么遭到流放,要么被判死刑。战争爆发之初,被乔治·华盛顿盖过风头的雷霍肖·盖茨撤离波士顿时,带走了几百名效忠派市民,这些市民担心待在马萨诸塞会有生命危险。一位著名的作家问道:"难道效忠派不是殖民地的人吗?难道效忠派受到英王不公正的待遇就比美国人少吗?"约翰·伯戈因在萨拉托加投降后,他的军官的妻子们被囚禁在波士顿,受尽了凌辱。

在效忠派和革命派人数相当的地区,譬如,南方某些地区，斗争异常惨烈，双方用尽了各种野蛮、残酷的手段。效忠派和革命派都扬言要将对方斩尽杀绝。著名的将领应运而生，其中就有效忠派的纳斯特·塔尔顿，革命派的弗朗西斯·马里恩[①]等。那些实际遭受了或自认为遭受了对方不公对待、意欲报仇雪恨的人，纷纷投奔到他们的麾下，发起了一轮轮报复性游击战。为了掩盖暴行，他们各自打着圣战的旗号。

最后，和平来临了，效忠派的处境糟糕透顶了。和平本该意味着利剑入鞘，忘记仇恨。然而，现在，和平只是胜利者的和平。在新生共和国的徽章上，随之而来的野蛮暴行，留下了永远抹不去的污点。指挥英军撤离纽约时，盖伊·卡尔顿爵士难以接受放弃效忠派人士的做法。于是，他动用英国的军舰接走了数千名效忠派人士。然而，还有大量效忠派人士是盖伊·卡尔顿爵士无法照顾到的，他们中的不少人受尽凌辱，含恨而死。即使那些幸存者也躲不过肉体上被摧残、精神上被侮辱的命运。他们没有犯罪，只是在用合法的方式争取自己的权益，但美国政府却巧取豪夺。最后，他们一无所有了。当英王乔治三世的将士们离开查理顿港时，他们回头所

[①] 弗朗西斯·马里恩（Francis Marion，1732—1795）），美国独立战争时期著名的游击队将领。1780年，英军进攻南卡罗来纳时，他率部转战各地，进行游击战。他凭借机动灵活的战术多次打败英军，屡建奇功。因战术诡诈多变，他被英军称为"沼泽地的老狐狸"。——译者注

第三章

看到的场景一定会让他们羞愧终生。二十四位效忠派人士的尸体被他们为之奋斗的国家丢给了敌人发落,结果全被吊在了码头的绞刑架上。对效忠派人士施以极端的报复,这不是文明之举,而是赤裸裸的暴行!乔治·华盛顿、亚历山大·汉密尔顿、约翰·杰伊和纳撒内尔·格林[①]等非常敬佩忠义之士,反对对他们施暴,但他们的反对没有起到作用。蒙受苦难的效忠派人士的哀叫终于引起了英国的关注。

盖伊·卡尔顿爵士是拯救效忠派的主要发起人,他得到了魁北克总督弗雷德里克·哈尔迪曼德和新斯科舍总督约翰·帕尔[②]的鼎力相助。他们决定将难民安置到加拿大西部地区、新斯科舍和圣约翰岛。根据身份地位的不同,难民们将分到一百英亩到几千英亩不等的土地。土地有收成之前,政府养活他们。大西洋沿岸的效忠派人士在港口集合,救援的船队迅速到位。内陆地区的效忠派人士到尼亚加拉、萨基特港、奥斯韦戈和尚普兰湖口几个地点集合。1783年,大迁徙开始,效忠派人士纷

[①] 纳撒内尔·格林(Nathanel Greene,1742—1786),美国独立战争时期名将,其统帅才能仅次于乔治·华盛顿,是美国人崇敬的英雄。他指挥南方军队沉重地打击了英军,打赢了决定独立战争的战局的约克敦战役。若无他在南方大败英军之举,华盛顿很难取得独立战争的最终胜利。——译者注

[②] 约翰·帕尔(John Parr,1725—1791),英国军官。1782年10月,美国独立战争即将结束之际,他被英王乔治三世任命为新斯科舍总督,负责安排从美国逃亡新斯科舍的效忠派人士的生活。——译者注

纳斯特·塔尔顿。约书亚·雷诺兹
(Joshua Reynolds, 1723—1792) 绘

效忠派打着圣战的旗帜,发动报复性袭击,砍杀革命派。
阿朗佐·查普尔(Alonzo Chappel,1828—1887)绘

纷越过边界进入加拿大，最后一部分向东去了沿海各省，另一部分向西去了五大湖以北地区。这些人及其后代为加拿大的发展做出了不朽的贡献。

第三节 新斯科舍、新不伦瑞克和爱德华王子岛的效忠派人士

5月18日是新不伦瑞克省圣约翰建市纪念日。1783年的这一天，从美国来的效忠派人士到了这里。圣约翰河口怀抱着一片安全的港湾，周围荒凉贫瘠的山丘成为天然的屏障，遮蔽了内陆的沃土。整个夏天，从纽约来的难民船络绎不绝。为了纪念收留他们的新斯科舍总督约翰·帕尔，难民们在港口入口处建了一座小城帕尔镇（Parrtown）。不少难民穿过纽约湾岩石众多的峡谷，来到距圣劳伦斯河八十四英里的海岸，这里坐落着美丽的圣安纳斯波因特。在这个难忘的夏天，先后有五千名效忠派人士来到圣约翰，大部分都是曾经为英王奋战后退役的将士，不少曾在闻名遐迩的皇家御林军中服役。他们对茂格维尔人的态度很不友好，因为茂格维尔人曾经一度同情大陆军。茂格维尔人是这里的"老人"，虽然生活在拥有所有权的土地上比较安全，但在那些权属尚不明晰的地方，效忠派往往会以私占公地的罪名报复

第三章

他们，将自己曾遭受的痛苦强加给这些可怜的人。

随着越来越多的效忠派人士来到圣约翰河流域，圣约翰河口形成了一个繁忙的城市。其他效忠派人士有的结队去了新斯科舍，有的结队去了圣约翰岛。圣约翰岛土地非常肥沃。最后，从芬迪湾的岸边草地，到迪格比，再到哈利法克斯以东的海滨地区，到处都有效忠派人的定居点。不过，他们最大的一片定居地位于紧挨半岛西南角的拉泽尔港。拉泽尔港受陆地包围，风景优美。从前，这里是流放犯人的地方。一座拥有一万两千人口的城仿佛一夜之间拔地而起了。这座城被命名为"谢尔本"。然而，谢尔本的选址并不好，除了海港外，什么都没有。周围的土地不肥沃，养活不了这么庞大的人口。于是，这座一夜之间出现的城又在一天之间蒸发了。来此定居的人们陆续分散到哈利法克斯和其他一些地方，还有一些人甚至沿圣劳伦斯河一路向西到了五大湖区定居。短短的三年间，曾经充满生机和希望的谢尔本衰落成了一个小村庄，甚至一些房子的建材也被拆走带到了雅尔茅斯和韦茅斯，用到了新定居点的建设中。

效忠派人士在圣约翰河流域刚刚定居，就开始争取哈利法克斯议会中的代表权，这遭到新斯科舍总督约翰·帕尔的拒绝。他们立刻吵闹着自立门户。尽管约翰·帕尔反对，他们最终还是获得了代表权，因为他们在英国有强大的朋友。1784年，新斯科舍的大片土地划给了芬迪湾北岸的新不伦瑞克省。盖伊·卡尔顿爵士的兄弟托马斯·卡尔顿[①]上校任该省总督。由十二位成员组成的理事会和由二十六位代表组成的议会协助他的工作。同时，布雷顿岛也独立建省，德巴尔任总督，首府从路易斯堡迁到了悉尼。大约八百位效忠派人士搬到了布雷顿岛，定居于悉尼、路易斯堡、圣彼得和巴德克。第一个冬天他们经受了暴风和饥荒的双重考验。布雷顿岛单独建省的历史很短，1820年重新归入了新斯科舍省。

新不伦瑞克建省后不久，便将帕尔镇作为一个城市纳入了其管辖范围，后更名为"圣约翰"。两年后的1786年，首府迁到了圣安妮波因特，在河上游八十四英里处的地方是弗雷德里克顿市。这次迁首府主要出于防御安全的考虑，正如同当年首府从罗亚尔港迁到维勒邦一样。当然，圣约翰迅速成为商业中心后，总督想逃离喧嚣的环境也是原因之一。在效忠派人士大量迁入的情况下，新不伦瑞克省和她实力雄厚的姐妹安大略省诞生了。据估计，进入新斯科舍、新不伦瑞克和爱德华王子岛的效忠派移民至少有两万人。在新不伦瑞克省，效忠

[①] 托马斯·卡尔顿（Thomas Carleton, 1735—1817），爱尔兰裔英国军官。1784年，他奉英王乔治三世之命出任新建的新不伦瑞克省代理总督，负责安排从美国逃亡到新不伦瑞克的效忠派人士的生活。——译者注

效忠派移民来到新不伦瑞克。约书亚·雷诺兹绘

派移民的人数甚至远超当地居民人数，他们影响了全省的风貌。

第四节 加拿大西部的效忠派

魁北克总督弗雷德里克·哈尔迪曼德不辞劳苦地帮助效忠派人士在西部地区安家。我们知道，大部分海滨地区的效忠派人士选择了新斯科舍，但也有一部分人进入海湾，逆圣劳伦斯河而上。抵达离蒙特利尔几英里的索雷尔时，一些人停下了脚步，但多数人继续前进，来到了荒无人烟的弗龙特纳克堡。这些拓荒者既是开发安大略省的先驱，也是安大略省的"珍宝"。他们的领袖是格拉斯，一位来自哈得孙的坚定的效忠派人士。他的父亲曾被俘到弗龙特纳克堡，后被遣返回英国。之后，更多内陆地区的效忠派人士从奥斯韦戈、萨基特湾和奥格登斯堡逃离了充满敌意的美国，来到了这里。这次大迁徙发生在1784年，整个安大略湖北岸成了这批移民的家园。西部的移民主要来自萨斯奎哈纳河谷，他们沿着伊利湖一直走到圣克莱尔河两岸。

聚集到尼亚加拉两岸的难民非常明智，他们没有选择继续前行，而是在这片阳光充沛、果实累累的土地上扎下根来。因为这里紧挨着安大略湖口，所以有些难民

第三章

选择继续西行,最后来到位于伊利湖和休伦湖之间被称作"加拿大花园"的半岛上定居。在这片内陆移民区的东边,军事要道尚普兰湖和黎塞留河也向难民们开放。哈得孙河流域的许多效忠派人士——巴列丁奈特的德国人、约翰逊爵士解散的皇家御林军士兵和以约瑟·布兰特[①]为首的对英国王室忠贞不贰的莫霍克人——就经这条便捷的水路进入加拿大。他们中的大部分继续向西北前进,在弗龙特纳克堡和蒙特利尔之间的圣劳伦斯河岸定居下来。其他人则受不了漫长的旅程及偏僻荒野的艰苦,刚跨过边境就停下了前进的步伐。因此,从边境到劳伦斯原有定居点之间的宜人土地上,一时之间,人满为患。这就是今天所谓的东部城镇,法裔聚居的魁北克省内的一片英裔聚居区。内陆的效忠派人士不在东部城镇定居有两个原因。首先,效忠派人士一直主张自治,他们希望能新建一个省,这个新省的宪法和法律应该与加拿大根据《魁北克法案》制定出来的宪法和法律不同。其次,弗雷德里克·哈尔迪曼德总督因为担心美国人耍阴谋,所以不支持他们在边境一带定居,他已经被美国

[①] 约瑟·布兰特(Joseph Brant,1743—1807),印第安部落酋长,莫哈克人领袖。美国独立战争期间,约瑟·布兰特协助英军作战,赢得了英国政要及将军的尊敬。他一生周旋于北美原住民、英国及美国等各方势力之间。美国独立战争结束后,他特与美国及英属北美政府展开多次谈判,为易洛魁联盟争取到居留地,即今天加拿大的格兰河原住民居留地。——译者注

约瑟·布兰特。吉尔伯特·斯图亚特
（Gilbert Stuart，1755—1828）绘

弗雷德里克·哈尔迪曼德。约书亚·雷诺兹绘

人阴过多次了。

据估计，在这次大迁徙中，至少有一万名效忠派人士定居于圣劳伦斯河流域和五大湖区。这一数字也包括了所谓的"后效忠派"，即循着第一批移民老路过来的人。还有一部分后效忠派人士软弱谨慎，坚忍克制，不和革命派起冲突，所以留在了新生的美国，但他们一直心系英国。那些来到加拿大的后效忠派人士意志坚定，毫不妥协，所以他们应该得到更多的荣誉。实际上，他们大都曾在皇家殖民军队中服役，战争中表现得不屈不挠。三十年后，英美之间又爆发了战争，他们和自己的后代用实际行动证明了他们的战斗精神从未萎靡。见证了他们战斗精神的就是1812年到1814年的战争。从此，这些在动荡年代被赶过来的三万移民，就被写入了加拿大的历史。他们对加拿大的未来发展产生了深远的影响。我们要明白，在很大程度上，加拿大的未来是由这些效忠派的后代创造的。

第五节 效忠派的生活环境

1783年到1790年，英国政府派专人负责效忠派提出的索赔问题，最后部分赔偿了他们在战争中的损失。大不列颠为此付出了近一千五百万美元，这还不包括发放的土地、生活器具和粮食的价值。在很多地区，定居后的三年时间里，效忠派都由政府供养。效忠派的后代到了一定年龄会享有某些特殊的待遇。1789年，英国政府编制了《联合王国效忠人士名单》，名单上罗列了六年以来所有逃离美国的效忠派人士。从此，他们就被称为"联合王国的效忠者"（United Empire Loyalists）。他们可以在自己的名字后面标上象征这一荣誉的简称"U. E. L."。

政府发放给效忠派移民的物资中有建造房屋和开荒耕地的工具。各家各户都会分得一架犁和一头牛。少数几个定居点的移民非常幸运，领到了便携式磨粉机，可以自己加工粮食。然而大部分移民，至少上加拿大地区的移民，都没有分得像磨粉机这样奢华的工具。他们主要的粮食是玉米和稻米。他们或用石头或用斧头将这些谷物砸碎，然后用来制作粗面包。不过，这种笨拙的加工方式很快就被舂米木臼取代了。木臼就是一个顶端掏空的木桩。人们用木制的捣槌将倒入木臼的谷物磨成粉。有的木臼非常大，一次能装下一到两蒲式耳的粮食，相应的捣槌是比较重的石头制成的，并配有长长的手柄。当然，随着社会的发展，人们已不再使用这些原始的工具了，而用上了更先进的磨粉机。

移民们砍倒了定居点上的密林，用原木搭起了房屋

漫画：英国政府补偿流亡加拿大的效忠派人士。
亨利·摩西（Henry Moses，约 1782—1870）绘

第三章

和谷仓。因为原木量需求大，所以他们带着木锯，不辞辛劳地去伐木。许多人已经习惯了繁华社会的生活，根本不会使用斧子和木锯，现在却不得不在与世隔绝的地方安家。他们距最近的邻居也有几英里，中间隔着森林。从前，他们有的住在温暖的农舍里，有的住在宽敞的大院里，有的甚至住在富丽堂皇的庄园里过着贵族的生活。可现在他们只能住原木搭建的陋室。这种房子往往只有一个房间，一个窗户；一片片树皮铺在架起来的杆子上，就是所谓的屋顶；屋顶上的缝隙用泥浆抹住，以防风刮进来。一开始，他们用树枝和泥土制成烟囱，这种烟囱非常危险。然而，不久，他们就学会了用粗糙的石头和不规则的砖块砌烟囱。几千个这样的烟囱一直保留至今。在原木搭建的房子里，这些烟囱非常实用，只是所占空间明显偏大了些。

有些效忠派人士在早先的陋室里偶尔会发现一些奢华的物什。他们来自萨斯奎汉纳、哈得孙和康涅狄格等地的富贵人家。逃难时他们带着一些奢华的物什。现在，效忠派人士的后裔对家里高大的古钟、沧桑的老椅、经年的办公用品津津乐道。毕竟这些物什跟随主人，几经沉浮，离开繁华世界，最后来到荒僻之乡。然而，像这样的古物大都被愤怒的革命派人士夺走，即便有少数幸存下来，在逃亡的林间小径上，也很难搬运。一些效忠派人士的小屋里什么家具都没有，只有一张用树干和树皮做成的小床。他们开荒耕种已经很辛苦了，根本没时间做桌子和椅子之类的奢侈品了。光解决温饱问题，就耗费了他们所有的精力。当然，因为新斯科舍和新不伦瑞克的开发已经具备一定的基础，所以定居于此的效忠派人士不必这么辛苦。但这是少数，大部分效忠派人士都去了荒僻之乡，因为他们获赐的土地就在那里。

一开始，在征服荒僻之乡的过程中，效忠派移民很不顺利。许多人根本适应不了如此恶劣的生活条件。1787年，政府分给了效忠派移民安身立命的土地，但这些土地似乎专门与它们的新主人作对——庄稼基本上颗粒无收。这是发生在五大湖区的事情。虽然政府会养活他们三年，但一些懒惰的人根本不考虑三年后该怎么办。其他人虽然拼尽了全力，但很不幸，败给了霜冻和野兽。接下来的1788年是他们在庄稼成熟前遭遇到的最困难时期。历史上将这一年称为"大饥荒年"。为了填饱肚子，人们被迫去挖野生植物根茎，孩子们把这种东西叫"花生"。野生油核桃和山毛榉成了人们疯也似地寻找的"宝贝"。为了能换来一点儿面粉甚至糠皮充饥，人们不惜卖掉自己的农场。他们摘来椴树的花骨朵与各种草籽和野生的印第安卷心菜一起煮了吃。虽然这里的各种野味非常丰富，有鹿、兔子、火鸡和鸽子，但他们没有弹药，

第三章

无法捕猎。面容憔悴的人们拄着棍子外出，希望能打下从头顶上飞过的野鸽子；或者一整天蹲在水边，希望能用自制的钩子钓一条鲑鱼或鲈鱼。这样一来，一家人才不会饿死。在一处定居点，一根牛骨头从一家转到另一家。于是，熬糠汤时，各家都可以使无盐的汤中多一点儿牛肉味。闹饥荒的几个月里，少数年迈体弱的人饿死了，其他人因长期吃树林里刨出来的植物根茎而中毒了。随着夏天一天天过去，小麦、燕麦、大麦开始结穗、成熟。饥饿的人们聚集到田野里，拔下绿色的麦穗，等不及煮熟便狼吞虎咽起来。希望之火在饥饿的移民心中重新燃起来了。

这一年，效忠派移民饱受煎熬。之后，上加拿大效忠派移民的生活就迅速改善了。一开始，他们就认识到合作的重要性。他们建立起类似蜜蜂分工合作的社会系统，而不是独自砍树整地，架木造屋。他们有专门的伐木工和建筑工。当平整后的田地终于长出了粮食，框架屋逐渐取代了简陋的木屋或草棚时，专门的碾米工和框架设计工出现了。当有人家要建造新房子时，邻居们会从四面八方赶来帮忙。现在，最苦的日子已经结束了，虽然还不算精致，但人们终于绽放了自由的欢笑，获得了丰衣足食后的惬意。因为野狼和狗熊经常出没，所以猪牛羊肉比较紧缺。不过，火鸡等各种野味总能享用到。

日常生活中，他们会做各种野果馅儿饼、金字塔状的熏烤玉米面包和玉米烤饼。在这些美味佳肴中，南瓜饼最受欢迎。南瓜饼的主要原料是南瓜泥和玉米粉，加入甜甜的枫糖和香料后，烤制而成；如果不加糖，烤出来的饼可以抹上黄油吃。吃饭用的勺子、碟子等餐具多为木制品。人们偏爱用有纹理细密的白杨木做餐具。后来，这些木制餐具慢慢地被白镴餐具取代了。有时，美国小贩会上门兜售白镴餐具。经过擦洗，白镴餐具能发出白银一样的亮光。

效忠派移民学会用边远地区各式各样的食物满足胃口后，他们的衣着在相当长的一段时间里仍然保持着原始简朴的风格。当然，刚到加拿大时，他们穿的还是逃亡时带过来的革命之前的服装。这种服装，尤其是富贵阶层穿的服装，过于精致奢华，不适合丛林生活。身穿这些华服的男人甚至比我们现代的美女还要光彩夺目几分。我们可以想象一个叫罗宾逊的男人在当时的典型穿着：外面是一袭宽松的蓝色锦缎长袍，长袍的衬里是天鹅绒；上身是白色缎子，下身是黑色缎子马裤配白色丝袜；脚上是红色摩洛哥皮革便鞋，鞋上宽大的银色扣带覆盖着整个脚背。或者外套为豆绿色大衣，上身是白色丝质马甲，下身是浅黄色棉质马裤，袜带垂及脚踝。当然，在非正式场合下，效忠派的贵族们会选择穿深色的袜子，

第三章

深绿或深紫的宽边大衣。然而,在定居新土地的几年后,大部分效忠派移民在穿衣这件事上已经没什么选择了。他们赶紧种起了亚麻和大麻,陋室里传出织布机噼里啪啦的声音。不久,粗糙的亚麻布织出来了,黄麻与动物毛发混纺的毯子加工出来了。然而,一直以来,羊毛都很紧缺,因为加拿大野狼喜食人们喂养的绵羊。许多穷人除了鹿皮衣服,其他的都穿不起。不过,鹿皮衣服耐穿,唯一的缺点是很容易变油腻。因为肥皂紧缺,所以人们就用强碱液清洗日常穿的亚麻衣服。在记录当时人们生活状况的资料里,我们读到了这样一个故事:

> 一个女孩在用这种强碱液洗她的鹿皮长袍时,眼睁睁地看着衣服慢慢溶解在碱液里。没有衣服穿,她只好躲到了储藏土豆的地窖里,直到妈妈给她拿来一条毯子,才解了这个尴尬。

少数有钱人能从美国游商那里买到漂亮的衣服。这些衣服通常用质量并不太好的印花棉布裁剪而成,但价钱却很贵。印花棉布每码的价钱为八到十先令,平纹细布的价钱为十八先令。许多效忠派家庭的女孩出嫁时只能穿得起鹿皮衣服。

然而,效忠派移民拥有一股永不服输的精神,硬是在苦难中创造了辉煌。他们的这种精神曾让敌人特别痛恨。现在,只需看看他们生活环境的改变,就知道他们有多么伟大了。这是一批连上帝都敬畏的人。他们认为对子孙后代的教育非常重要。因此,那些荒芜的土地被他们的斧头渐渐征服后,他们立刻在每个街区建起了学校和教堂[①]。效忠派移民奋斗的精神在今天的加拿大人身上还能看到。

[①] 安大略省的第一所教堂在格兰德河畔,由忠诚的莫哈克人所建。——原注

第四章

第一节 督军多尔切斯特爵士

1674年,《魁北克法案》通过后,生活在加拿大的英国人一直不太满意。前文已经讲过,英国人非常反感法国的法律条款。更让他们不能接受的是,在代议政府制度下,他们的代表权被剥夺了。效忠派移民在加拿大站稳脚跟后,要求实行英国法律和成立众议院的呼声一浪高过一浪。这些新来的居民拥护母国政府,但忍受不了长时间没有政治权利。威斯敏斯特宫①认真倾听了他们的诉求。他们主张建立自治政府。该主张获得法裔加拿大领导者的热烈支持。他们已经预见到权力机关必将由自己的公民选举产生。与新斯科舍和新不伦瑞克的同

---

① 威斯敏斯特宫是英国的国会大厦,这里代指英国政府。——译者注

胞相比，当局认为，新移民不太适合参加代议政府的管理。这自然引起新移民强烈的抗议。从这些强烈要求建立代议制的诉求中，我们看到了加拿大第二个历史阶段的主要特征。最后，各省都建立了责任政府。

实行《魁北克法案》所规定的专制政府管理模式时，督军弗雷德里克·哈尔迪曼德专横霸道。虽然他是效忠派移民温暖贴心的朋友，但独断专行的处事方式却让人们很难真正喜欢上他。最终，他只好辞职。1787年，盖伊·卡尔顿爵士重返加拿大，此时，十二年过去了，他经历了各种考验，仍然是加拿大的老朋友。因为功勋卓著，他受封为多尔切斯特爵士。现在，他担任英属北美殖民地督军，既是所有军队的统帅，也是各省的总督。他直接统治五大湖区和圣劳伦斯河流域的百姓；而新斯科舍、新不伦瑞克、圣约翰岛和布莱顿岛原来的总督改任副总督，都听命于他。无论从当时的政策上，还是情感归属上，加拿大各省联合的趋势出现了。经过一段时间的慢慢生长，它必将成熟，最终结出硕果——加拿大联邦。新不伦瑞克首任总督托马斯·卡尔顿在省级议会大会上描绘了加拿大统一的蓝图。如果她的姐妹省产生共鸣，为了共同的利益更紧密地团结在一起，那么这个伟大的蓝图终将变成现实。

多尔切斯特爵士到加拿大后，立刻安抚百姓。不过，他的措施只是临时性的治标之举,要想治本,平复百姓的怨气,就需要英国议会通过法案。事情最终圆满解决。多尔切斯特爵士恢复了《人身保护法》以及民事案件审理中的陪审团制度。同时,为了促使英国议会就他关心的问题尽快立法,他认真地拟了一份关于加拿大政治、教育、经济、商业和司法行政状况的权威报告。为了方便管理,多尔切斯特爵士将新成立的大湖地区划分为四个区,每个区都有根据英国法律设立的法院。因为许多从内陆来的效忠派移民是德意志人,占了人口中的大多数,所以多尔切斯特爵士给四个区起的名字颇具德意志特色:卢嫩堡、梅克伦堡、拿索和海塞。后来,这些区又被划分为东区(与渥太华接壤)、中区、本部(或尼亚加拉)和西区(或底特律)。

第二节 《宪法法案》

针对加拿大的实际情况,多尔切斯特爵士提议将其分成两个省,分别实行满足各自居民需要的宪法。为了推行多尔切斯特爵士的提议,格兰维尔伯爵向英国议会提交了加拿大历史上著名的《宪法法案》,建议将加拿大省分成上加拿大和下加拿大。这项法案在英国议会引起了激烈的争论。住在下加拿大的英国人强烈反对该计划，他们担心被庞大的法国人口淹没。许多人赞成将法裔加拿大地区视为被征服的土地，可以在那里强制施行英国的法律和议会制度。在很多文明国家中，这种做法都有先例。不过，政策和道义似乎都指向了其他措施。在小皮特①的全力支持下，多尔切斯特爵士的建议最终被采纳。当十三殖民地肆意欺凌母国时，法裔加拿大人却表达了他们对大不列颠的忠诚，没有听从造反殖民地的任何挑唆。现在，令革命派感到恐慌的是，虽然法裔加拿大人以自由的名义放弃了法国，但他们永远忠于自己的教堂和牧师。英国人非常欣赏他们这种不轻易变节的保守主义。英国的政治家也不会将任何不受欢迎的法律强加给这些卓越之士。当然，十三殖民地的造反促使英国不停地反思，尽管至今也没完全弄明白它们为什么造反。小皮特认为，殖民地之间存在嫌隙有利于英国的控制。他支持下加拿大保持法国的思想、制度和语言。这样一来，下加拿大不仅与上加拿大的英裔省，而且与新斯科舍及新不伦瑞克保持一定的距离。他最大的担心是，这些省有朝一日可能会联合起来，致使1776年的

---

① 小威廉·皮特（William Pitt the Younger，1759—1806），18世纪末19世纪初英国著名政治家。1783年，小皮特任英国首相，时年二十四岁，成为英国历史上最年轻的首相，他坚决支持英国和法国对抗。——译者注

小皮特。约翰·霍普纳（John Hoppner，1758—1810）绘

事件[①]重演。他一直记着安·杜尔哥[②]那句带有戏谑意味的名言:"殖民地就像果实,成熟后就不再依附你了。"他希望自己的慷慨和公道能使各殖民地与英国的联系更紧密,但不想看到殖民地之间互生爱恋。

因此,从各方面讲,上加拿大都是英国的行省,推行英国的法律和土地制度。下加拿大则从代议制、人身保护法和英国刑法中受益的同时,还在其他方面保留了法国行省的特征。它推行封建土地所有制,但新赠土地的长期占有是有条件的。在民法方面,它保留着法国的传统。法裔加拿大人强烈地意识到,蜂拥而至的英国人到来后,他们应该保护自己的语言和习俗。他们的这种情结充分体现在新法案中。法案明确了,英国政府允许法裔加拿大人坚持自己的宗教信仰权和教会制度。但为了保护少数新教徒的权益,下加拿大像其他省一样,留出大片荒地,用来支持新教徒的宗教事业。这些土地被称为"教会保留用地",后来成为省级议会上争论不休的话题。

在上下加拿大分别建省后,下加拿大的人口约为十二万五千,上加拿大的人口不足两万。和其他省一样,

[①] 指美国独立战争。——译者注
[②] 安·杜尔哥(Anne Turgot,1727—1781),法国资产阶级古典经济学家,重农学派最重要的代表人物之一。其主要经济著作为 1766 年写就的《关于财富的形成和分配的考察》。——译者注

第四章

上下加拿大都有立法机构,由总督、立法委员会和众议院组成,大致相当于英王、上议院和众议院。此外,还有一个非正式的执行委员会,它的功能相当于总督的顾问团。执行委员会的权力非常模糊,其成员身居高位,很少体恤民情。这些成员都是各殖民区的一把手,通常在立法委员会拥有席位。总督由英王任命,离开英国,去加拿大任职,但他们不太熟悉加拿大特殊的政治环境,很容易遭到执行委员会的意见绑架。如果总督不受欢迎,臣民们在适当的时候可以请求英王将其召回。但执行委员会的委员既不用对总督负责也不用对百姓负责。虽然英王可以罢免执行委员会的委员,但因为有更重要的政务处理,英王很少会注意到他们,所以他们的职位比较稳定。久而久之,他们就变得自负起来,看不起那些比他们地位低的人。后来,为了争取责任制政府,人们坚持不懈地斗争,就是由执行委员会成员的傲慢直接引起的。

立法委员会和执行委员会混在一起,职责模糊不清。它们的部分成员是同一个人,代表的利益是相同的。立法委员会的成员是终身制的,由英王任命,主要从法官、主教和各省一把手中挑选出来的。除了英王,他们不对任何人负责,但远在大洋彼岸的英王却无法监督他们,他们毕生的事业就是努力守住贵族特权。一开始,他们强烈请求建立代议制政府。然而，一旦大权在握，他们就开始拼命阻止历史前进的车轮。这场政治改革运动最初的倡导者，最终却成了强烈的反对者。只有先"打倒"他们，真正的责任政府才能建立。

议员是人民的代表，他们由人民选举，对人民负责，有固定的任期。然而，他们不一定都能任满期限，因为总督可以随时解散议院，组织选举，选出新的代表。这种情况下，原先的代表一般还会当选。议会有权决定通过征收普通税和关税来增加财政收入，而财政收入用于公共服务。议会和立法委员会拥有制定法律的权力，但只有得到总督的同意，才能生效。虽然议会握有财政收入的使用权和管理权，但财政收入主要来源是王室土地买卖与租赁以及矿产、林业资源租赁。起初，这种被称为"临时性和土地性收入"的财政来源，经立法委员会的同意，由执行委员会管理。后来，这成了执行委员会和议会激烈争论的另一个焦点。

第三节　上加拿大与下加拿大

1791年通过的《宪法法案》于1792年正式生效。上下加拿大各自召集了议会和立法机关成员开大会。下加拿大的成员齐聚魁北克，其中立法委员会委员十五人

第四章

和众议院议员五十人。众议院选举了一位法国人做议长,同时通过了一项重要的决议,即在议会辩论和撰写众议院报告时应该使用英法两种语言。议会还向总督递交了一份谢词,表达了对乔治三世的效忠之心。法国人在众议院中占了绝大多数。虽然他们从未受过政治训练,但却很快适应了议会程序,行使起手中的权力。

1792年9月,上加拿大的议会和立法机关成员在当时的省府尼亚加拉召开会议。这是一个比较袖珍的机构,由七位立法委员会委员和十六位众议院议员组成。上加拿大首任总督约翰·格雷夫斯·锡姆科[1]上校,被称为"加拿大第一大省之父"。在刚刚结束的战争中,约翰·格雷夫斯·锡姆科功勋卓著。当时,他是弗吉尼亚皇家御林军的指挥官。他全身心地投入到为效忠派谋利益的活动中,不遗余力地呵护着新生效忠派省的成长。虽然他的议会成立只有一个月,但工作完成得非常出色。议会除了成立组织机构和制定规则外,还基于英国的法律原则,通过了八项重要的法案。省府的四个区被重新命名,而省府的名字频繁变更,起初叫尼亚加拉,接着叫伦诺克斯,然后叫拿索,最终恢复它原本就很庄严、

---

[1] 约翰·格雷夫斯·锡姆科(John Graves Simcoe,1752—1806),美国独立战争期间英国皇家军队的将领。1792年到1796年,他任上加拿大总督期间,政绩斐然,他规划了上加拿大的道路,在安大略湖畔建起了约克城(今多伦多),实行了和英国一样的政治法律制度。——译者注

响亮的名字——纽瓦克。

约翰·格雷夫斯·锡姆科不是穿行于荒野山林间,就是乘着桦皮小舟漂流在河湖上。这位意志坚定的父母官走遍了上加拿大省的每个角落,在他认为最需要的地方设计道路,组织施工铺路。我们所熟知的诸如总督大道、央街和登打士大街等交通大动脉就是这位热情的筑路人给我们后人留下的一座座"丰碑"。效忠派人士大迁徙时期,一些人因畏惧艰苦的环境,选择留在了美国。约翰·格雷夫斯·锡姆科制定了一项政策,旨在把这些美国人吸引到加拿大来。他发表声明称,如果新移民能承诺以下两个条件,就可以免费获得一块地。其一,获地者要立刻耕种。其二,获地者要宣读如下誓言:"我,某某某,承诺并宣誓全力支持和拥护国王在议会及本省立法机关中的最高权威。"这项政策吸引了临近几个州的大批美国居民前来加拿大定居,和他们一起来的还有英国及德国的移民。在约翰·格雷夫斯·锡姆科的努力下,仅仅过了四年,上加拿大的人口便达到了三万。

靠近美国边境的尼亚加拉作为上加拿大省府,这令约翰·格雷夫斯·锡姆科不太满意。省府的四个区重新命名后,尼亚加拉吸引了大量美国移民,发展势头迅猛,几乎垄断了伊利湖和休伦湖地区的贸易。这里的房屋大多为木制结构。其中,省府官员的房屋比较高大宏伟。

约翰·格雷夫斯·锡姆科。乔治·西奥多·贝尔东
(George Théodore Berthon, 1806—1892) 绘

约翰·格雷夫斯·锡姆科来到央街建设现场视察。查理·威廉·杰弗里斯绘

第四章

约翰·格雷夫斯·锡姆科想在泰晤士河边上建新省府，他选中的就是现在繁忙都市伦敦所在之地。但多尔切斯特爵士更喜欢金斯顿，即过去的弗龙特纳克堡。金斯顿已经非常繁荣了，有人家一百户，教堂一座，要塞一座和兵营一座。这里的贸易蒸蒸日上，造船业也很发达，是安大略湖小型护卫舰队的大本营。这支舰队由法裔加拿大长官指挥，而且几乎所有军官[①]都是法裔加拿大人。但不久之后，舰队就会撤离，因为美国人认为被威胁了。约翰·格雷夫斯·锡姆科觉得金斯顿不在整个省区的中心位置。最终，双方妥协。从尼亚加拉出发，穿过安大略湖后，一个安全的海港巍然屹立。很久以前，这里有一个贸易站，被印第安人称为"多伦多"。1793年，这个贸易站成为当地小城的中心，为了向英王的儿子约克公爵弗雷德里克[②]表达敬意，小城改名为约克。这里最终被定为新省府所在地。选址刚确定好，约翰·格雷夫斯·锡姆科便开始建设小城了，没有半点儿拖延。一开始，总督及官员们的"总部"就是一顶帐篷，帐篷上面

[①] 这些军官身着蓝白相间的制服，制服上配有大粒镀金扣子，扣子上印有"加拿大"字样和河狸图案。——原注

[②] 约克公爵弗雷德里克（The Prince Frederick，1763—1827），英王乔治三世次子。拿破仑战争期间，约克公爵担任英国陆军总司令，成为杰出的军事领袖。1802年他创建了著名的桑赫斯特皇家军事学院。——译者注

飘扬着英国的红旗，后来才有了能遮风避雨的屋顶[1]。人们一开始亲切地将新省府称作"小约克"，城市发展起来后称作"脏约克"。1834年，人们又恢复了它古老可爱的名字"多伦多"。它用自己的进步与迷人的魅力消除了人们之前的诋毁。

约翰·格雷夫斯·锡姆科还没来得及欣赏他在新省府辛勤付出所带来的成果，就被调离上加拿大，前往圣多明哥任职（1796）。他在行使批地权力时，严格依规章办事，影响了许多投机者的利益，树了很多敌人。他坚持原则，热情工作，正直无畏，同时引起很多人的反感。他为新省倾其所有，鞠躬尽瘁，但还是遭到政敌的排挤，最后调走了。不过，在新省的建设中，他功不可没，而安大略今天的繁荣就是对他最好的纪念。

在失去约翰·格雷夫斯·锡姆科的同一年，加拿大也失去了真正的朋友多尔切斯特爵士。多尔切斯特爵士在任期间，震惊欧洲的法国大革命爆发了。动荡随之而来，英国也卷入了战争。法兰西共和国[2]派间谍进入圣劳伦斯地区，挑唆加拿大人发动叛乱。但加拿大的法国人对革命深恶痛绝，英国宽松的管理模式深受他们喜爱，当然这一切都离不开多尔切斯特爵士的努力。罗马天主

---

[1] 指政府办公大楼建起来了，取代了从前的简陋的帐篷。——译者注
[2] 史称"法兰西第一共和国"（1792—1804）。——译者注

教徒[①]异常忠诚，巴黎撒下的革命的种子在加拿大找不到适合生长的土壤。乔治三世之子肯特公爵爱德华[②]现在担任魁北克军队的统帅，成为法裔加拿大人效忠英国的精神支柱。

其间，英美两国签署了《友好通商条约》，避免了一场严重的危险。上次战争结束后，美国人的战斗热情还没有减退，他们赞同共和制，渴望与英国再战，而与同为实行共和制的法国结盟。然而，在乔治·华盛顿的巨大影响下，《友好通商条约》顺利签署了。但1812年，盲目自信的年轻共和国会吃一次猝不及防的教训。

第四节 沿海各省

效忠派移民迁入新斯科舍和新不伦瑞克后，新斯科舍和新不伦瑞克发展迅速。然而，外来的这股强大势力也破坏了原先的政治生态。《宪法法案》通过前后，新斯科舍总督由约翰·帕尔换成了约翰·温特沃斯[③]。一

[①] 指信奉天主教的法裔加拿大人。——译者注
[②] 肯特公爵爱德华（Edward Duke of Kent，1767—1820），英王乔治三世的第四子，维多利亚女王之父。——译者注
[③] 约翰·温特沃斯（John Wentworth，1737—1820），美国独立战争时期任新罕布什尔总督。独立战争后赴加拿大，任新斯科舍总督。死后葬于哈利法克斯的圣保罗圣公会大教堂。——译者注

位来自纽约的效忠派牧师约翰·英格利斯任新斯科舍大主教。在约翰·温特沃斯总督的大力支持下，约翰·英格利斯在温莎建立国王学院大学。不久，乔治三世赐给国王学院大学皇家特许权。于是，国王学院大学成了英国在殖民地开办最早的大学。不过，大学的招生受到了某种程度的限制。除了英国国教信徒，其他人一开始都会因为宗教审查而被拒之门外。约翰·温特沃斯是那种典型的内心善良但过于保守的总督，他坚定地支持教会与国家的统一。那些追求公民自由权利的领导人观点往往和他相左，因此，冲突不可避免。英法开战后，英国舰队和军队进驻哈利法克斯，大笔资金随之注入，哈利法克斯的贸易活跃起来了。有时，沿岸地区的百姓会遭到法国私掠船的袭击，这激起了他们反抗的勇敢精神。人们踊跃报名从军。于是，皇家新斯科舍军队组建起来了。1794年，肯特公爵爱德华将大本营从魁北克迁到了哈利法克斯。哈利法克斯很快变成了社会生活的中心。肯特公爵爱德华关心省务，深得人们爱戴。为了表达对他的敬意，1799年，人们将圣约翰岛改名为"爱德华王子岛"。

  在总督托马斯·卡尔顿的精心治理下，新不伦瑞克靠采伐业致富了。英国需要新不伦瑞克出产的优质松木来制作船舰的桅杆。最后，许多海域都有这种"光荣"

船舰的身影。为了扶持木材资源得天独厚的殖民地发展贸易，外国港口运到英国的木材被征收高额关税。一方面，这打击了波罗的海的贸易，另一方面大大加快了新不伦瑞克的造船业和伐木业的发展。各河口从事木材加工的小镇雨后春笋般地发展了起来。锯木场随处可见。随着英国移民的不断涌入，人口迅速增加。新不伦瑞克繁荣的不竭源泉是松木板和云杉交易，这里到处可见飞扬的木屑。

新不伦瑞克也是众议院和执行委员会正式公开斗争的第一个省。建省之初，围绕财政收入使用问题的斗争就已经出现了。众议院主张它筹集并支配财政收入的使用。议员们提出预算，在会议期间他们每人每天应该得到78.6元的酬劳。但立法委员会会议召开时，该预算遭到了上议院的否决。后来，众议院将该预算并入学校教育、桥梁道路建设和其他公共服务的年度开支提案之中。提案以一种新形式提交给了立法委员会。委员会有通过权或否决权，却无权修改年度预算案。双方互不相让，立法工作一度停滞。最后，殖民地督军在唐宁街发话，反对众议院的提案。但即使这样，众议院也没有畏缩。三年里（1796—1799）再没有财政收入法案或预算法案通过。最后，双方做出妥协，打破了僵局。众议院同意分别做两份预算案，一份包含了立法委员会同意的项目，另一份包含了立法委员会反对的项目。虽然这是妥协的结果，但实际上意味着众议院胜利了，议员们能获得酬劳了。

英国移民大量涌入新不伦瑞克时，大批苏格兰高地人涌入了布雷顿岛和爱德华王子岛。1773年，"赫克托"号载着两百名罗斯移民抵达皮克图，拉开了苏格兰高地人的移民大潮。移民人数一直稳步增长，到1828年，到布雷顿岛定居的苏格兰人已达两万五千之多。进入新世纪，著名殖民家塞尔柯克伯爵开始实施一项移民计划。他同情饱受驱逐之苦的爱尔兰和苏格兰农民，想帮这些不幸的人在新世界安家，让他们仍能在旧国旗下生活。他率领三艘载满苏格兰高地人的船驶向爱德华王子岛，1803年，他们在这里开发出了昆士郡。之后，塞尔柯克伯爵将目光转向了上加拿大。在上加拿大最靠西的地方，他建立了巴尔顿居住区。然后，他又将目光转向了更遥远的西部地区；又过了几年，他踏上了北方的红河两岸，为草原省的建立奠定了基础。

第五节 英美战争一触即发

19世纪初，美国对大不列颠的仇恨被再次激发了。事情的起因主要是英国坚持要在美国海军舰船上行使

1812年，塞尔柯克伯爵率领移民抵达红河岸。
J. E. 斯查弗雷（J. E. Schaflein，生卒不详）绘

"搜查权"。皇家海军士兵不断投奔美国海军。因此，皇家海军损失巨大。美国舰长很擅长挖皇家海军的墙脚，他们向皇家海军士兵开出高薪，并承诺军纪不会太严苛。美国舰长不地道的举动令英国政府勃然大怒。于是，英国政府命令皇家海军登上美国军舰抓捕那些叛逃的士兵，并且搜查所有窝藏叛逃士兵的嫌疑船只。在执行这个命令的过程中，搜查者不可能总是和颜悦色，充满火药味的场面时有发生。1807年，双方的冲突达到了顶点。美国护卫舰"切萨皮克"号遭到英国军舰"猎豹"号官兵的搜查，但美国人拒绝将叛逃的士兵交还。结果，"猎豹"号立刻炮击了"切萨皮克"号。最后，皇家海军登上已经失去作战能力的"切萨皮克"号，强行带走了那些叛逃的士兵。英国政府随即否认皇家海军实施过这样的暴行，而美国政府终于获得了实施报复的正当理由。战争不可避免了。

1806年，为了封锁英国，打击英国的贸易，拿破仑颁布了著名的《柏林法令》[①]。《柏林法令》规定，中立国的船只不能进入英国港口，欧洲大陆不能使用任何英国制造的产品。但英国海军非常强大，拿破仑的法令

---

① 耶拿战役中，法国击败了普鲁士。为了封锁英国，打击英国的经济和贸易，最终控制整个欧洲的贸易，1806年11月21日，拿破仑颁布了《柏林法令》（*Berlin Decrees*）。——译者注

第四章

收效甚微。接着,为了针锋相对,英国颁布了枢密院令,禁止所有国家与法国进行贸易。英国绝不是随便说说,它的海军舰队完全有能力执行。这样一来,美国与法国的经济每况愈下。如果美国足够强大,或许该向法国和英国同时宣战,因为它们都阻止美国船只进入对方的港口。不过,美国恨英国甚于法国。美国还没有做好开战的准备,只是通过了著名的《禁运法案》(1807),不允许美国船只去外国任何港口进行贸易。这一莫名其妙的法案使本已遭受英法打击的美国经济几近崩溃。拥有大量商船的新英格兰各州[①]放话要退出联邦,所以美国又通过了一项新法案,即禁止与英法两国贸易,但允许和其他国家贸易。几年后,拿破仑告诉美国,《柏林法令》已经废除了,但他私下里让法国舰队继续执行。美国议会非常开心,废除了禁止与法国交往的法案,幻想着与法国结盟。

然而,新世界共和国一段时间内仍流传着退出联邦的声音,但却无法撼动乔治·华盛顿对共和国的强大影响力。矛盾似乎化解了。局势看似已经明朗。在下加拿大边境,当战争的乌云升起时,人们正忙于政治斗争,根本无暇他顾。众议院和立法委员会起了争执。众议院

[①] 即美国东北部六州,由北至南依次为缅因州、佛蒙特州、新罕布什尔州、马萨诸塞州、罗得岛州、康涅狄格州。——译者注

美国军舰"切萨皮克"号。F. 穆勒
(F. Muller，生卒不详)绘

遭到英国军舰"猎豹"号攻击后,"切萨皮克"号开始反击。
威利斯·J. 阿伯特(Willis J. Abbot, 1863—1934)绘

皇家海军登上已经失去作战能力的"切萨皮克"号。"切萨皮克"号的指挥官交出了自己的佩剑。绘者信息不详

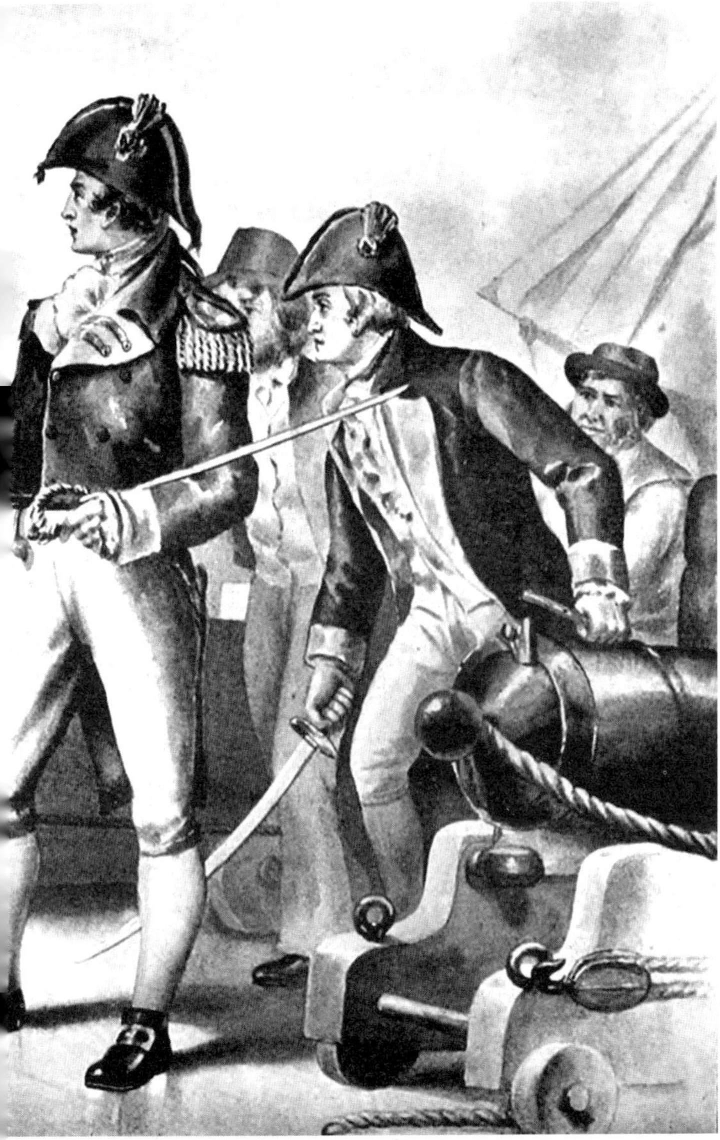

强烈要求更全面的政府自治和更多的财政控制权，而立法委员会却指责众议院不忠。众议院用激烈的言辞中伤立法委员会的委员们，把他们比作贪婪暴虐的入侵者。双方唇枪舌剑，坚守着自己的舆论阵地。当恶语相向已显得过于温柔时，双方就想着如何把对方阵营中持反对意见的人投入大牢，达到压制其发表言论、宣泄愤懑的目的。就在这样的争执中，战争的威胁悄然而至，他们终于停止了争吵，争先恐后地表现出战时对国家的忠贞。军队很快组织起来了。法裔大主教普莱西用英文写了一封情真意切的公开信，要求所有的教堂诵读。

1808年，詹姆斯·亨利·克雷格①爵士赴魁北克任督军。几个月后，战争的威胁暂时"潜伏"下去了。詹姆斯·亨利·克雷格爵士是勇敢、固执的苏格兰人。他对加拿大事务一点儿也不熟悉，一味听信立法委员会，认为法裔加拿大人危险且不忠诚。不久，他就和众议院发生了矛盾。当时，众议院议员联合抵制法官在立法委员会中占有席位。詹姆斯·亨利·克雷格爵士认为，众议院应该把注意力放在如何保卫加拿大上面，但众议院认为，只有先解决法官在立法委员会任职的问题，才会

---

① 詹姆斯·亨利·克雷格（James Henry Craig，1748—1812），苏格兰人，美国独立战争期间英军将领，后任加拿大总督（1807—1811）。任加拿大总督期间，他与魁北克政要勾结，对法裔加拿大人实行高压政策，大失人心。1811年，他辞职返回英国。——译者注

第四章

遵命去做。詹姆斯·亨利·克雷格爵士拿出恺撒大帝般的专制手段，声称众议院是在浪费宝贵的时间，他不得不解散议会。重新选举后，法裔加拿大人强势回归众议院。这次，双方的争论更激烈，争论的议题不仅有法官席位问题，还有财政支出问题。议会宣布法官在立法委员会的席位悬缺。于是，詹姆斯·亨利·克雷格爵士再次解散了议会。这时，秘密会议在整个加拿大召开，愤怒的宣言书不断发表。《加拿大人报》是一位法裔加拿大人创办的一份报纸。他的办公室被督军派去的士兵查封了，编辑被投进监狱了。六位最激进的议员也被捕入狱。当时的情况被生动地描述为加拿大的"恐怖统治时期"（1809—1810）。新一轮选举结束后，原来的那些议员又回到了议会。英国政府批评了专制的詹姆斯·亨利·克雷格爵士，要求他采用平和的执政方式，并取消了法官在立法委员会的席位资格。最后，立法委员会做出妥协，冲突平息了。

与此同时，威胁加拿大已久的风暴终于爆发了。在某种程度上，这与督军的行为不无关系，我们将在下一节详细介绍。詹姆斯·亨利·克雷格爵士退休后，乔治·普雷沃斯特[①]爵士从新斯科舍调来接替他的职位。乔治·普

[①] 乔治·普雷沃斯特（George Prevost，1767—1816），英国军官。1812年战争爆发时，他出任英属北美殖民地督军。——译者注

雷沃斯特爵士上任伊始，便安抚了激愤的法裔加拿大人，把他们的领袖召入立法委员会，向受到詹姆斯·亨利·克雷格爵士严厉对待的那些人表达敬意。同一时期，下加拿大也发生了类似的情况，虽然没有上加拿大的情况严重。约翰·格雷夫斯·锡姆科离任后，政府的权力迅速集中到少数有影响力的家族那里，历任总督成了它们实现野心和宣泄傲慢的工具。众议院议员纷纷投身于为普通百姓争取自由的斗争之中。这时，边境上空的战争阴云密布了，党派之争暂告一段落。整个加拿大的军队被召集起来，听候著名的指挥官艾萨克·布罗克①爵士的调遣。

19世纪初的几年里，加拿大各省人口增长迅速，贸易发展迅猛，政治冲突贯穿始终。下加拿大的人口至少有二十二万，上加拿大人口达到了八万多。两省都有发展良好的报刊业。三河城建有钢铁厂。此外，两省还有造纸厂、皮革皮帽厂。出口产品中，除了传统的木材以及毛皮制品和渔产品外，还有小麦和钾碱。航运装配已成为重要的行业，为加拿大的对外贸易打下了坚实的基础。1809年，蒸汽船"调节"号在圣劳伦斯河上完成了

---

① 1769年，艾萨克·布罗克出生于格恩西，1812年战争爆发时，他四十三岁。他曾在荷兰和西印度群岛服役，屡建战功。1802年，他来到加拿大，全身心地投入到加拿大的事业发展之中。——原注

乔治·普雷沃斯特。绘者信息不详

从蒙特利尔到魁北克的首航,所有加拿大人深感兴奋与骄傲。

第五章

第一节 美国国会对英宣战

1807年,英国就"猎豹"号军舰的暴行向美国道歉并赔偿。一场战争暂时避免了。但一件小事最终还是引发了战火。1809年,詹姆斯·亨利·克雷格爵士派约翰·亨利上尉到波士顿,刺探那里的民意,策反那里的百姓。加拿大的某些人幻想能说服新英格兰人脱离美国。众所周知,新英格兰人非常痛恨美国国会的穷兵黩武,因为只有和英国保持贸易关系,他们的利益才能得到保证。虽然约翰·亨利的策反没有什么结果,但他和詹姆斯·亨利·克雷格爵士就该问题一直保持着通信。美国政府越来越愤怒了。一次,装有四十四门大炮的美国"总统"号驱逐舰攻击了装有十八门大炮的英国"小皮带"号炮舰，最终俘而获之^①。1811年，美国国会通过一项法案，决定将军费提高到现在的三倍，借款高达一千一百万美元。公开宣战只缺借口了，而机会悄然而至了。约翰·亨利认为，詹姆斯·亨利·克雷格爵士没有付给他应得的报酬，于是就以五万美元的价格将他与詹姆斯·亨利·克雷格爵士的往来信件卖给了詹姆斯·麦迪逊总统。虽然花一大笔钱买来的信件没有多少实际价值，但美国却很会造声势，并指控英国图谋策反新英格兰人。小小的火花终于引爆了枪膛里蓄积的火药。1812年6月19日，美国国会对英国宣战。事实上，美国应该向法国宣战，因为拿破仑将许多美国船骗进他的港口，然后卸下面具，下狠手悉数夺取了。与英国被指控所犯的任何罪行相比，拿破仑的所作所为更恶劣。然而，因为暴行是英国的敌人所为，所以美国选择了原谅。

马萨诸塞州、康涅狄格州和新泽西州都强烈反对这场毫无意义的战争，波士顿甚至都下了半旗。然而，美

---

① 史称"小皮带号事件"（Little Belt Affair）。1811年5月16日，美军与英军之间爆发海战，交战舰船分别是美军的"总统"号护卫舰和英军的"小皮带"号战船。"小皮带"号本来是一艘丹麦单桅帆船，在1807年的哥本哈根战役中被英军缴获。美军故意将实力弱小的"小皮带"号认作实力强大的"猎豹"号。战斗的结果是，"小皮带"号遭到重创，九人死亡，二十三人受伤，包括两名重伤员，而"总统"号毫发无损，仅伤一人。战后，双方互相指责对方应承担责任。该事件成为1812年英美战争的导火索之一。——译者注

美国"总统"号驱逐舰。爱德华·约翰·拉塞尔（Edward John Russell，1832—1906）绘

美国"总统"号驱逐舰轰击英国"小皮带"号战船。
威廉·埃尔姆斯（William Elmes，生卒不详）绘

第五章

国大部分民主派人士群情激昂,提议立刻吞并加拿大,开拓美国疆土[①]。在美国民主派人士看来,与法国结盟,至少意味着可以和法国一起重新瓜分世界。譬如,加拿大会像一颗成熟的李子一样并入美国。最后,法国统治欧洲,美国掌控新世界,这是杰斐逊派政治家期待的美好愿景。然而,清醒的新英格兰人不以为然。他们强调,因为英国已经废除了那份令人生厌的"枢密院令",所以美英之间不必动武,但他们的抗议没有奏效。当时,拿破仑正率领三十八万大军,高歌猛进,直奔莫斯科,意欲夺取俄罗斯广袤的土地。年轻的共和国打算效仿它的欧洲盟友,意欲在北美大陆一展身手。英国深陷欧洲战争,不得脱身;威灵顿公爵正在西班牙调集所有力量抵抗拿破仑。时机似乎已经成熟。

显而易见,加拿大必然会卷入即将到来的战争。对加拿大来说,这是一场防御战,主要由其国民军来承担。加美之间的边界线长达一千七百英里,而加拿大正规军只有大约五千人。上下加拿大两省人口总计只有三十万,与美国八百万人口相比,明显处于劣势,但他们却众志成城,誓死抵御外敌入侵。下加拿大省的立法

[①] 《埃里森欧洲史》:"战争发动时打出的旗号是为了维护商业利益,对滥用搜查权的抵制,但真实目的是要联合拿破仑从英国手中夺取加拿大,摧毁英国的海上霸权,扼杀英国建立殖民帝国的计划。"——原注

委员会同意立即筹集二十五万英镑的军费，而注定会成为主战场的上加拿大，这里的人民抗敌意志十分坚决，迅速地组建了志愿军。志愿军积极地投入到了训练之中。不过，全省各地存在一些不太忠诚的居民，即那些最近才越过边界来加拿大讨生活的美国人。他们盼着美国早日吞并加拿大。一开始，他们引起了艾萨克·布罗克的不安，但他们对敌人的负面影响更大，因为他们的墙头草行为严重误导了敌人，而且他们的存在大大激励了效忠派人士的爱国热情，人们踊跃参军，最后都不能保证人手一件武器。

印第安人是加拿大可靠的盟友，不仅有忠贞不渝的莫哈克人，还有西北部落的族人。他们之所以挺身而出，一方面是因为想报答一直善待他们的加拿大人，另一方面是因为要反抗一直欺凌他们的边境的美国人。其中，英雄特库姆塞[1]被永远载入了加拿大史册。他是肖诺部落的酋长，勇敢无畏，胸怀大志。在印第安纳州的蒂珀卡努，他率领被美国人击败的族人，一路向北，最后来到加拿大。在接下来的整个战争过程中，特库姆塞展现出非凡的勇气、睿智和忠贞。莫拉维亚镇战役失利后，他惨遭敌人杀害。

---

[1] 加拿大诗人查理·梅尔在戏剧《特库姆塞》中详尽地讲述了这位非凡领袖可歌可泣的故事。——原注

莫拉维亚镇战役失利后，特库姆塞惨遭敌人杀害。
威廉·埃蒙斯（William Emmons，生卒不详）绘

第二节 1812年战争

美国计划分兵三路进攻加拿大。北路军由亨利·迪尔伯恩[①]将军率领，从艾尔巴尼出发攻打蒙特利尔。中路军由斯蒂芬·范·伦塞勒[②]将军率领，前往攻打尼亚加拉边境。西路军由密歇根总督威廉·赫尔[③]将军率领，从底特律出发，进攻上加拿大的西部。需要特别说明的是，加拿大东部边境完全开放，对面就是人口众多的新英格兰，虽然很难防御敌人的进攻，但却没有受到威胁。这次，一贯好战、爱在边境逞威风的新英格兰人保持了沉默。我们真的应该好好感谢他们。战争来临时，他们的州政府严守中立。尽管新英格兰私掠船时不时会过境骚扰（新斯科舍私掠船时不时也会骚扰新英格兰），但这种非政府行为是州政府无法管控的。

[①] 亨利·迪尔伯恩（Henry Dearborn, 1751—1829），美国政治家、民主共和党人、将军，曾任美国众议院议员（1793—1797）、战争部长（1801—1809）。担任战争部长期间，他加强了美国西部的防御体系。——译者注

[②] 斯蒂芬·范·伦塞勒（Stephen van Rensselaer, 1764—1839），美国政治家。他曾任纽约州参议员（1791—1796）、副州长（1795—1801）。1812年昆士顿高地战役中，斯蒂芬·范·伦塞勒担任美军司令官。他缺乏作战经验，导致美军惨败。——译者注

[③] 威廉·赫尔（William Hull, 1753—1825），美国军人、政治家，曾任密歇根州长（1805—1813）。1812年战争中，威廉·赫尔指挥的美军在底特律堡被加军包围后，竟然没有反抗，拱手将要塞相让。战后，威廉·赫尔被美国军事法庭判处死刑，但麦迪逊总统赦免了他。——译者注

第五章

加拿大防御部队的指挥官是艾萨克·布罗克将军。他到来之前，虽然效忠派人士密切关注着即将到来的风暴，但却看不到任何希望。艾萨克·布罗克将军已经在加拿大生活十年了，可以说是个地道的加拿大人了。他习惯指挥英国的正规军，也很了解并重视民兵，深受民兵的敬重。艾萨克·布罗克并非浪得虚名，他诚实、勇敢、善良、坚韧、聪慧，被加拿大视为民族英雄。他走马上任后，上加拿大军队原本低落的士气大振，积极准备迎接严峻的挑战。

战争首先在西线打响。威廉·赫尔率一支二千五百人的部队，经底特律进入桑德威奇。他发现，桑德威奇住着法裔农民，他们的生活平静而悠闲。威廉·赫尔发布宣言称，只要他们接受美国统治，就会获得和平、自由和安全；但如果他们妄图阻止他前进的步伐，就会尝到战争的苦果。艾萨克·布罗克也发布宣言称，大不列颠会保护自己的臣民，加拿大也会保护自己的领土，绝不允许他人欺凌或挑唆。就在两个宣言发布的间隙[①]，两军第一次交锋了。对加拿大来说，这是个好的兆头。罗伯茨船长率领一支小分队夺取了美国的密西里麻金克堡，该要塞像过去一样控制着密歇根湖和西北地区。这

[①] 《威廉·赫尔宣言》7月12日发布，《艾萨克·布罗克宣言》7月22日发布。7月17日，英军攻克了密西里麻金克堡。——原注

支队伍总共不到二百人①，他们从圣约瑟夫堡出发，向北急行军四十英里，越过马基诺岛后，发起突袭，没放一枪一炮就占领了密西里麻金克堡，俘虏了七十五名美国正规军士兵。这是一场重要的胜利，一方面鼓舞了印第安人的士气，另一方面威廉·赫尔部陷入腹背受敌的尴尬境地。

不久，又一条好消息传来了，威廉·赫尔撤回了底特律。他被亨利·普罗克特②上校的三百五十名士兵和特库姆塞的肖诺人击退。特库姆塞伏击了一支为威廉·赫尔运送给养和信件的小分队。战场上，威廉·赫尔败了；心理上，他气馁了，因为加拿大人根本没把他当作救世主。于是，不可一世的威廉·赫尔栽了大跟头。河岸这边的加拿大军队一摆脱了敌人的牵制，亨利·普罗克特就派出一支队伍去对岸，帮助特库姆塞杀敌，但却大败于布朗斯敦③。美军指挥官是骁勇善战、才智过人的约

---

① 罗伯茨身边有一位得力干将，即英勇的法裔加拿大人图森·波蒂埃，他是西北公司的代理商，当时就在圣约瑟夫堡。——原注
② 亨利·普罗克特（Henry Proctor，1763—1822），英国军官。1812年战争时，亨利·普罗克特赴加拿大指挥加军抗美。到加拿大之前，他没有实战经验，只能照搬军事教材指挥作战。1813年，亨利·普罗克特的部队被美军击败，上加拿大西部落入美军之手。——译者注
③ 史称"布朗斯敦战役"（Battle of Brownstown），1812年8月5日，发生在雷森河（River Raisin）岸。结果美军惨败，其中十八人死亡，十二人受伤，七十人失踪，而特库姆塞的人马却几乎毫发无损。那些失踪的美军士兵几天后才陆续返回底特律堡。——译者注

第五章

翰·米勒[①]上校。威廉·赫尔本打算用缓兵之计拖垮对手，但没想到艾萨克·布罗克会先发制人。8月6日，艾萨克·布罗克率领一支人数并不多的部队离开约克，乘敞篷船穿过伊利湖，13日到达阿默斯特堡。前文提到被截获的敌人的信件，艾萨克·布罗克从这些信件了解到威廉·赫尔部目前士气非常低落。虽然艾萨克·布罗克部的人数[②]（包括特库姆塞的六百名印第安勇士在内）只有敌人的一半稍多，但他还是决定立刻进攻敌人。8月16日黎明前，艾萨克·布罗克率部过河，直扑底特律堡。美军的前哨早已撤离，退保要塞了。就在艾萨克·布罗克准备攻打要塞时，他万万没想到的是，敌军竟然向他投降了。三十三门大炮、两千五百名士兵和整个密歇根的领土就这样轻松地归了加拿大。加拿大军队一片欢腾，士气大振。听到胜利的消息后，加拿大人无比兴奋。一提起艾萨克·布罗克的名字，加拿大人没有不自豪的。

这时，加拿大还遭受着美国中路军和北路军的威胁。于是，艾萨克·布罗克急忙率部调转方向去攻打斯蒂芬·范·伦塞勒的中路军。然而，令他扫兴的是，挺

[①] 约翰·米勒（John Miller，1781—1846），美国出版商、政治家、民主党人，曾任美国密苏里州州长，三届美国众议院议员。1812年战争中，他作战非常英勇，多次立下战功。——译者注
[②] 除了六百名印第安勇士外，艾萨克·布罗克还有三百三十名正规军士兵和四百名加拿大民兵。——原注

进至伊利湖时,他接到了停战的消息。魁北克总司令乔治·普雷沃斯特爵士禁止加拿大进一步采取敌对行动。英国热切地希望"枢密院令"废除后,美国国会能够撤回宣战声明。但美国并没有这样的打算。停战让美国获得了喘息之机。艾萨克·布罗克的权力被架空了,无能为力。加拿大错失了一次绝佳的机会。秋天过去了,尼亚加拉集结的美军已经增加到六千人,既有正规军,也有民兵。而大本营设在乔治堡的艾萨克·布罗克只有不到一千名士兵,其中大都是加拿大民兵,还有少量正规军以及一小支莫哈克盟军。就在这时,一支由一百名美国水兵组成的队伍大胆出击,在伊利湖上截获了加拿大的两艘武装双桅船。船上满载着从底特律劫掠来的战利品。这些水兵的英勇事迹振奋了尼亚加拉的美国人,他们嚷嚷着要求指挥官立即率军征服加拿大。然而,他们的指挥官非但没有征服加拿大,反倒吞下了昆士顿高地惨败的苦果。

1812年10月13日,美军对昆士顿高地发起了攻击。昆士顿高地位于美丽的高原地区。发源于伊利湖的尼亚加拉河从这里流过,后注入安大略湖。站在高地上,目之所及,清幽而宁静。这里被称为"加拿大的花园",是大自然对加拿大的馈赠。然而,风景旖旎的昆士顿再没有和平、安宁了。

第五章

　　黎明前，斯蒂芬·范·伦塞勒率领先头部队开始渡河。对岸由第四十九步兵团的两个连驻守，共两百名约克志愿兵。黑暗之中，隐隐的划桨声引起了守军的警觉。高地山上的一门十八磅重炮首先向敌军开火。然而，在更猛烈的炮火掩护下，美军一步步向前推进。不久，登陆的敌军已达一千三百人，美军奋不顾身地向前冲锋。虽然敌众我寡，但加拿大军没有丝毫气馁，凭借大无畏的勇气坚守着阵地。与此同时，善打硬仗的美国军官约翰·E. 伍尔[①]上尉带领一支小分队，沿一条几乎无法通行的山脊小道爬上了高地，猛攻加拿大炮台的后方。听到炮声后，艾萨克·布罗克立刻骑马从乔治堡赶了过来。这时，美军其他小分队上了山顶。战斗的关键时刻到来了。艾萨克·布罗克率部迎着猛烈的炮火，勇敢地冲向陡坡。他挥剑指向敌阵，高喊着"勇敢的约克志愿兵，跟我冲啊！"话音未落，他的胸膛就中了一弹，倒在了战场。为了替他报仇雪恨，将士们纷纷奋不顾身地冲向山坡，但在山顶猛烈火力的扫射下，伤亡惨重。冲在最前面的约克勇士麦克唐奈和他最敬佩的指挥官一样不幸遇难。后来，加拿大人停了下来，不再往高地冲锋，而

[①] 约翰·E. 伍尔（John E. Wool, 1784—1869），美国名将，参加了美国历史上的三次重大战争：1812年战争、美墨战争、南北战争。1861年，约翰·E. 伍尔已77岁高龄，继续在战争中扮演重要角色，为当时陆军四位名将之一（本书第126页讲到约翰·E. 伍尔战死，当为作者讹误）。——译者注

黎明前,斯蒂芬·范·伦塞勒率领先头部队开始渡河。
詹姆斯·B.丹尼斯是这场战役的目击者之一。詹姆斯·B.
丹尼斯(James B. Dennis,1788—1855)绘

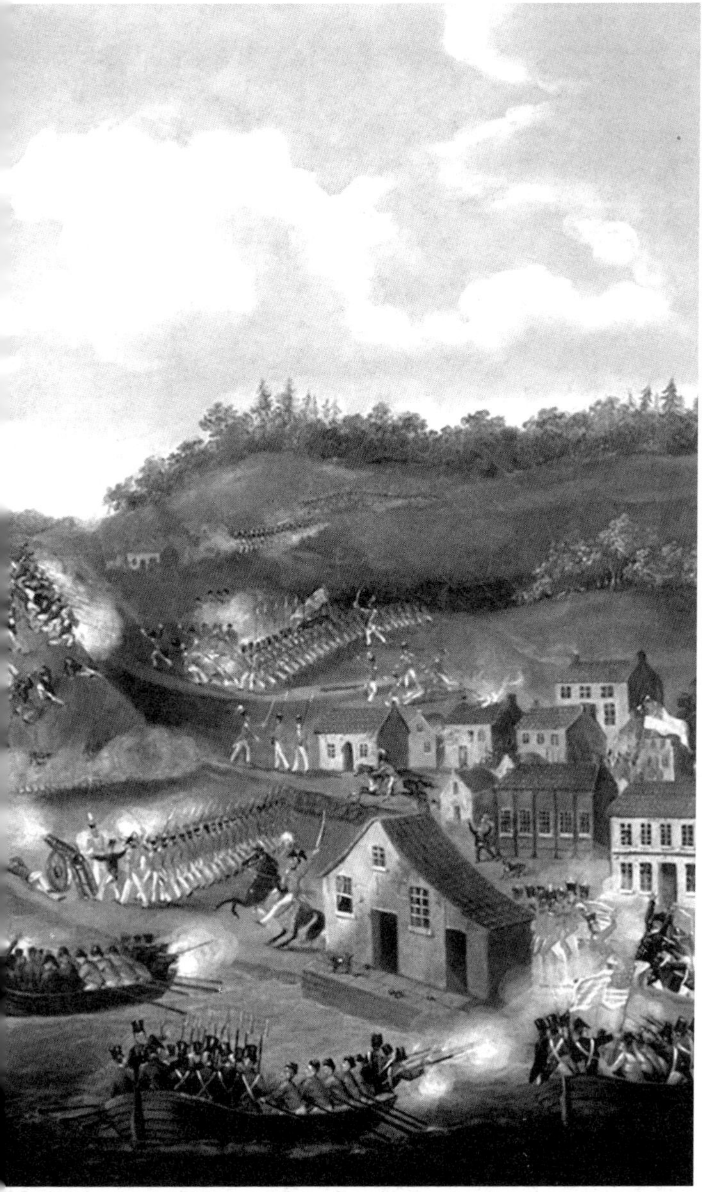

艾萨克·布罗克挥剑指向敌阵，高喊道："勇敢的约克志愿兵，跟我冲啊！"话音未落，他的胸膛就中了一弹，倒在了战场上。约翰·戴维·凯利（John David Kelly，1862—1958）绘

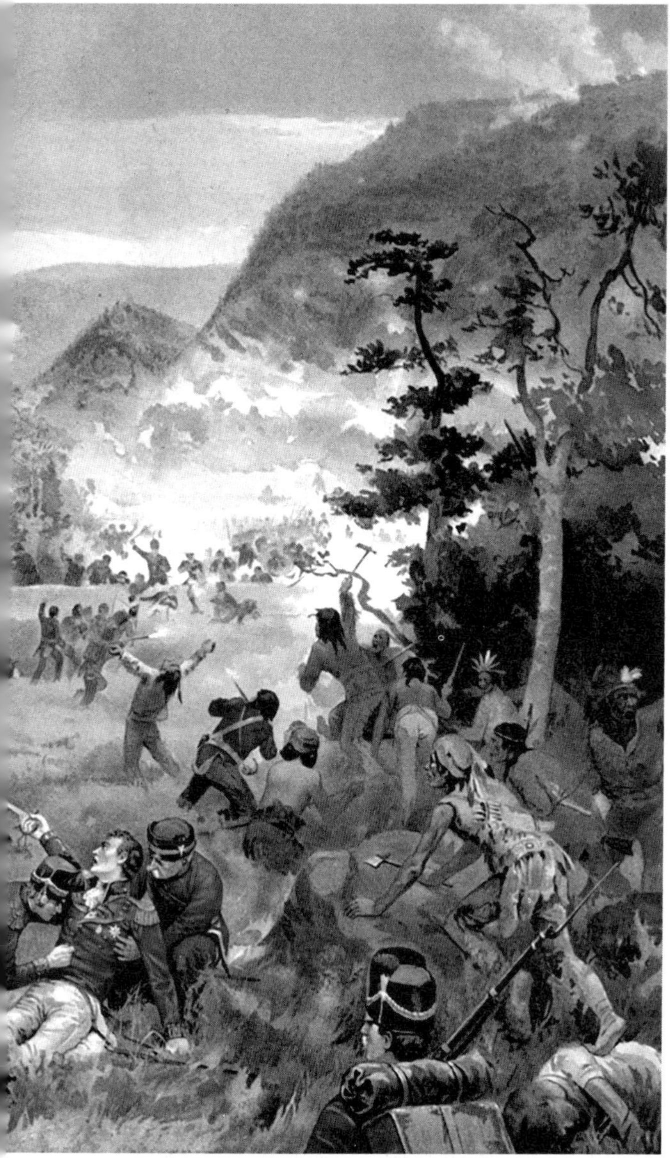

是躲到村子房屋的后面去了。虽然美军也遭受了重创，但占据了有利的阵地。斯蒂芬·范·伦塞勒将军也受了伤。这时，他们英勇地守着高地，但却处于非常危险的境地。一千五百名士兵拥挤在狭长的高地上。他们的身后是两百英尺高的悬崖。汹涌的尼亚加拉河水不停地拍打着崖底的岩壁。他们的面前是誓为战死的指挥官报仇、愤怒的加拿大兵团。尼亚加拉河另一侧虽然有四千多美国民兵，但见识了战友们遭到沉重打击后，已经提不起征服加拿大的兴趣了。他们觉得，作为纽约民兵，履行好守卫自己国土的使命就够了。

艾萨克·布罗克战死后，总指挥由乔治堡守将罗杰·希夫[①]接任。中午时分，罗杰·希夫率领第四十一步兵团和第四十九步兵团的三百名正规军、两个连的林肯民兵、两百名齐佩瓦志愿兵、六大部落印第安人的一支小分队抵达了昆士顿。援军到来后，加拿大的兵力增至近一千人。虽然士兵们来自不同地方，但他们的斗志

[①] 罗杰·希夫（Roger Sheaffe, 1763—1851），1812年战争时期的英国效忠派将军，任上加拿大军事主官和副总督，1813年获封男爵，1821年晋升为中将，1835年晋升为上将。1851年7月17日，他在家中去世，葬于新卡尔顿公墓（New Calton Cemetery）。他的子女都比他早去世，他的爵位因此没有传下来。有个现象值得注意，他抚养了自己弟弟的几个年幼的孩子，并且他的勋章也被他们继承，其中一个后人的名字是威廉。后来，威廉与妻子罗莎莉定居澳大利亚。迄今为止，这里姓"希夫"的人都是他们的后代。——译者注

第五章

高昂。罗杰·希夫下令包围高地上的美军,然后集中火力猛攻,很快压制了美军的火力,击毙了勇敢的约翰·E.伍尔上尉。战斗英雄温菲尔德·斯科特[①]担起了指挥战斗的任务。美军匍匐在阵地上,待加军离他们枪口只有四十码时,突然开枪。一时之间,枪声响起。虽然这种战术确实显了威力,但仍然无力阻止加军的猛攻。经过猛烈的炮轰,美军被迫撤离山顶,有的沿悬崖往下爬,有的往下滑,有的往下跳,幸存的士兵艰难地在岩壁上、河水和悬崖中间的狭窄礁石上寻找逃生之路。最终,实在无路可走了,一千一百名士兵只得无条件投降,成了加军的俘虏。随着战斗的胜利,加军扬眉吐气了,但亦付出了沉重的代价,英勇的艾萨克·布罗克将军战死沙场了。

在安葬艾萨克·布罗克将军的仪式上,致哀的炮声刚刚在乔治堡响起,美国尼亚加拉堡致哀的炮声也跟着传来。为了向这位杰出的对手表达敬意,尼亚加拉堡还降半旗。现在,昆士顿高地上立着一块纪念艾萨克·布罗克的巨大石碑,见证着加拿大人的爱国之情。看到这块石碑时,那些声称爱国不过就是捐钱的加拿大人,应

[①] 温菲尔德·斯科特(Winfield Scott,1786—1866),美国影响力最大的名将之一。1841年,他任陆军司令,对美军进行一系列改革,为美军正规化、现代化做出重要贡献。1855年,他晋升为陆军中将。——译者注

该感到惭愧。昆士顿和艾萨克·布罗克的名字已经永远留在了我们的记忆中。不过,我们也不会忘记打赢这场战役的功臣罗杰·希夫。他战功卓著,获赐准男爵。

安大略湖上的美军正在加固阵地。萨基特港还有美军的一支舰队。攻打金斯敦港时,该舰队遭到猛烈的炮击,灰溜溜地撤退。就在敌舰撤离金斯敦港时,一出展现加拿大人勇气的好戏上演了。理查森指挥"锡姆科总督"号纵帆船从尼亚加拉驶往金斯敦港,碰上了撤离的美军舰队。在离金斯敦港如此近的地方与敌舰遭遇,这大大出乎理查森的意料。除了一支步枪外,"锡姆科总督"号没有配备其他任何武器。这时,美军舰队已经拦住了锡姆科总督"号的去路。尽管看起来已经陷入绝境,但勇敢的理查森没有投降。"锡姆科总督"号所有的风帆扯起来了,借着风力疯狂地冲向美军舰队。飞速通过每艘敌舰时,它都遭到了炮击。虽然它的风帆和舷墙被打得满是窟窿,但还是行驶了整整四英里。最后,水位线下的船体被炮弹打出一个大窟窿,"锡姆科总督"号这才在港口外的浅水区慢慢下沉了。这时,船员们高声欢呼起来,并用他们唯一的步枪向敌舰开枪,表达了对美军的蔑视。岸上的同胞应和着。有小船迅速赶来营救英勇的船员们。"锡姆科总督"号也被打捞起来,不久又在蓝色的安大略湖上劈波斩浪了。

第五章

斯蒂芬·范·伦塞勒在昆士顿高地战役中受伤后，只会纸上谈兵的亚历山大·史密斯[①]将军继任指挥官。他要重启搁置已久的进攻计划，但如果率军出征，他不会身先士卒。他认为，为了安全起见，由别人冲锋陷阵为好。出征的士兵共有两千五百人，到达齐佩瓦和伊利堡之间的地带时，遇到了毕晓普上校率领的由六百名正规军和民兵组成的队伍。毕晓普上校没有被吓倒，这令亚历山大·史密斯大为不解。于是，他派人去伊利堡要求毕晓普上校投降。毕晓普上校很礼貌地拒绝了他可笑的要求。之后，亚历山大·史密斯不仅撤回了要毕晓普上校投降的要求，而且撤回了他的部队，准备在营地里过冬。面对亚历山大·史密斯愚蠢的决定，将士们忍无可忍。营地里充斥着批评他的各种言论。最后，亚历山大·史密斯谨慎地下达命令，让部队撤到更安全的地方。

就这样，在1812年的所有陆战中，加拿大都大获全胜。然而，随着英国在一系列海战中接连败北，这些胜利黯然失色了。美国人欣喜若狂，自信心爆棚，大湖区遭遇的耻辱一扫而光。五次海战中（前四次发生在1812年下半年，第五次发生在1813年2月），曾经的

[①] 亚历山大·史密斯（Alexander Smyth，1765—1830），爱尔兰裔美国律师、军官、政治家，曾任弗吉尼亚州议员、美国众议院议员。1812年战争期间，亚历山大·史密斯在昆士顿高地战役中任美军指挥官。——译者注

海上霸主英国一败再败。英国感到奇耻大辱，但它的敌人则兴高采烈，盼着英国的海上霸权地位终结。其实，英国失败的原因不难解释。虽然英国拥有大小战舰上千艘，在每个海域都可见到，但其中大部分的战舰只配备了一半的兵力，而且许多战舰年久失修。相比而言，美国海军简直不配称作海军，因为它只有四艘所谓的驱逐舰和八艘炮舰。不过，这些战舰都是全新的，实际吨位远远超出了标注的等级。每艘战舰上配备了精选出来的将士。这些战舰行动迅速，遇到更强大的对手时，既可以马上进入港口躲避，又可以选择合适的时机出击。毫无疑问，一旦开战，无论是将士的勇气，还是作战能力，美国海军都更胜一筹。因此，在开战前，五次海战胜负已定，英军完败也就不足为奇了。美国的"宪法"号和"合众国"号虽然名义上是配有四十四门大炮的驱逐舰，但实际上分别配有五十八门、五十四门大炮。它们比英国海军中最大的配有七十六门大炮的战舰还要长两英尺。英舰指挥官根本没想到，要一决雌雄的美军战舰竟然如此强大。英美海军的交战结果如下：8月，"宪法"号驱逐舰击沉了英国的"戈特里尔"号护卫舰。10月，美国"黄蜂"号护卫舰俘获了英国"狂欢"号护卫舰。同月，"合众国"号驱逐舰俘获了英国"马其顿"号护卫舰。12月，"宪法"号驱逐舰俘获了英国"爪哇"号护卫舰。

"宪法"号驱逐舰击沉了英国的"戈特里尔"号护卫舰。米歇尔·菲利斯·科恩(Michel Felice Corne,1752—1845)绘

美国"黄蜂"号护卫舰俘获了英国"狂欢"号护卫舰。F. 卡尼（F. Kearny，生卒不详）绘

"合众国"号驱逐舰俘获了"马其顿"号护卫舰。
托马斯·伯奇(Thomas Birch, 1779—1851)绘

"宪法"号驱逐舰俘获了"爪哇"号护卫舰。
N. 波科克（N. Pocock，生卒不详）绘

美国"大黄蜂"号护卫舰击沉了英国的"孔雀"号护卫舰。绘者信息不详

1813年2月，美国"大黄蜂"号护卫舰击沉了英国"孔雀"号护卫舰。第一场战斗中双方实力的对比最具说服力。"宪法"号驱逐舰刚建成出港，"戈特里尔"号护卫舰则是远航归来，前桅和船首斜桁都已变形；"宪法"号驱逐舰配有五十八门大炮，金属重量一千五百三十六磅，"戈特里尔"号护卫舰配有四十八门大炮，金属重量一千零三十四磅；"宪法"号驱逐舰载员四百六十人，重一千五百三十八吨，"戈特里尔"号护卫舰载员二百四十人，重一千零九十二吨。英美海军近距离战斗持续了两个小时。当"戈特里尔"号护卫舰被击沉时，三分之一的将士已阵亡。在这次海战中，美国海军打出了威名，表明他继承了英国海军的血统。然而，压倒性的胜利仍然令人很难想象，其他几场海战的胜利结果也是如此，具体情况如表5-1所示：

表5-1 美英双方实力对比

美国		英国	
"黄蜂"号		"狂欢"号	
大炮	18	大炮	18
金属重量	536磅	金属重量	524磅
吨位	434	吨位	384
船员人数	135	船员人数	92
"合众国"号		"马其顿"号	
大炮	54	大炮	44
金属重量	1 728磅	金属重量	1 056磅
吨位	1 533	吨位	1 081
船员人数	474	船员人数	254

续　表

美国		英国	
"宪法"号		"爪哇"号	
大炮	58	大炮	44
金属重量	1 536 磅	金属重量	1 016 磅
吨位	1 538	吨位	没有准确数据
船员人数	460	船员人数	
"大黄蜂"号		"孔雀"号	
大炮	20	大炮	18
金属重量	594 磅	金属重量	384 磅
吨位	460	吨位	386
船员人数	162	船员人数	110

我们将在下一节介绍一场势均力敌的海战，但结果却大不相同。

1812年12月，"上加拿大忠君爱国会"这一重要的民间组织成立了。该组织的目标是，帮助贫困的加拿大士兵家庭，救助伤兵，慰问作战部队。无论在殖民地，还是在英国，"上加拿大忠君爱国会"都募集到大笔资金。它的行动不但缓解了战时人们的痛苦，而且借助人们的怜悯之心，将相距甚远的帝国各部分紧密地团结起来。

第三节　1813年战争

1813年新年初的几周里，下加拿大征召了一批新军。忠诚的法裔议员投票决定向新军提供一大笔资金。新军中表现比较突出的有：苏格兰高地步兵团、加拿大国防步兵团、查理·萨拉贝利[①]上校指挥的魁北克轻步兵团。

3月，著名的第一零四步兵团取得大捷。第一零四步兵团是新不伦瑞克的正规军。将士们穿着雪地靴行进在弗雷德里克顿到魁北克之间的荒野上，哈利法克斯皇家海军官兵组成的小分队紧随其后。他们正赶往金斯敦，为安大略湖上的舰队加配装备，好提高舰队战斗力。

当时普拉茨堡驻扎着迪尔伯恩将军指挥的一万三千美军，严重威胁着蒙特利尔，而蒙特利尔的守军只有乔治·普雷沃斯特爵士指挥的三千加军。萨基特港湾驻扎着两千两百美军，另有五千后备军驻扎在尚普兰湖；而沿着边界，从金斯敦到普雷斯科特，全部守军只有区区一千五百人。尼亚加拉的守军有两千三百人，但对面的美军却是五千人。底特律堡和阿默斯特堡驻扎着普罗克特上校指挥的两千两百名加军。普罗克特对面的美军虽然人数上少了一些，但它主要由肯塔基步枪团的精兵组成，指挥官是取得蒂珀卡努大捷[②]的威廉·亨利·哈里

[①] 查理·萨拉贝利（Charles de Salaberry，1778—1829），法裔加拿大贵族。1812年战争爆发时，查理·萨拉贝利任魁北克英国驻军指挥官。在保卫蒙特利尔的战斗中，他率部重创美军，立下赫赫战功。——译者注
[②] 1811年秋，时任印第安纳州长的威廉·亨利·哈里森集结一千名士兵进攻印第安人领袖特库姆塞在蒂珀卡努的总部。经过惨烈的大战，印第安人战败，特库姆塞和他的印第安士兵逃到加拿大寻求英国的保护。史称"蒂珀卡努战役"（Battle of Tippecanoe）。战后，美国怀疑英国煽动印第安人反美。这为美国向英国宣战、入侵加拿大提供了借口。——译者注

第五章

森^①将军。美军一开始似乎注定首先要遭遇一些灾难，尽管后来他们在同样的地方大获全胜。威廉·亨利·哈里森奉詹姆斯·温切斯特^②将军之命，率领麾下一半的部队挺进雷森河上的弗伦奇敦。普罗克特抓住威廉·亨利·哈里森分军的时机，1813年1月22日发起了猛攻。这是一场激战。美国肯塔基步枪团虽然人数上处于劣势，但组织有序，应战沉着。近半战死后，美国肯塔基步枪团才放下了武器。普罗克特俘虏了五百名士兵，缴获了大量物资和弹药。战后，普罗克特晋升为陆军旅长。

下一个重要事件发生在东部地区。美军穿过圣劳伦斯河的冰面，突袭了布罗克维尔，打伤了一名哨兵，洗劫了村舍，俘虏了五十二名无辜的居民。美军的行动也许没那么严重，但却遭到了激烈的报复。加拿大普雷斯科特村对面就是美国的奥格登斯堡。要塞戒备森严，武器精良，设有十一门大炮，驻扎着五百守军。奥格登斯堡和普雷斯科特之间的圣劳伦斯河结冰后，加军经常在靠近自己一侧的冰面上操练。2月22日早晨，麦克唐

---

① 威廉·亨利·哈里森（William Henry Harrison，1773—1841），美国政治家、军事家，曾于1811年的蒂珀卡努战役中击败肖尼族的印第安人，被美国人称为"蒂珀卡努英雄"。1841年，哈里森当选为美国第九任总统一个月后，病逝，成为美国历史上执政时间最短的总统（1841年3月4日—1841年4月4日）。——译者注

② 詹姆斯·温切斯特（James Winchester，1752—1826），美国军官。1812年战争时，他任美军少将旅长。——译者注

奈上校率领四百八十名士兵，携带着两门野战炮，在冰面上开始了日常的操练。奥格登斯堡的一些美军士兵觉得加军的操练大异平常，像要发动实战。但他们的指挥官却嘲笑道，"加军不堪一击，岂会威胁固若金汤的要塞"！说完，他就吃早餐去了。已经走到河中间的加军突然猛冲过来。美军如梦初醒，慌忙开炮放枪，但为时已晚，没能阻止加军的进攻。经过短兵相接，加军很快攻占了要塞。美军退入要塞后的树林里。美军伤亡七十五人，十一门大炮和大批军事物资落入敌手，四艘停泊在港口里的军舰灰飞烟灭。对加拿大人来说，这是一次"联合性"的胜利，因为部队由一百二十名英国正规军士兵、四十名皇家纽芬兰步兵团士兵和三百二十名加拿大民兵（苏格兰高地人和圣劳伦斯河谷的法国人）组成。苏格兰高地人詹金斯上尉来自新不伦瑞克，他率部从右翼进攻，捣毁了美军的主要炮台，为新不伦瑞克赢得了荣誉。尽管美军曾无情地掠夺了布罗克维尔，但加军却既没有疯狂掠夺，也没有暴力侵吞，保住了声誉。麦克唐奈不允许将士们随心所欲，胡作非为，他甚至支付四美元的日薪给美国马车夫，感谢他们用马车将军需物资运送到普雷斯科特。

美国准将艾萨克·昌西迅速组建了一支舰队，控制了安大略湖。这样一来，金斯敦港的几艘战船出不去了。

第五章

上加拿大省府约克根本算不上要塞,几乎没有任何防御能力。这里只有一个土炮台和三门没有炮架的老式大炮。土炮台是从前法国人建的,用来抵御印第安人袭击。谁也没想到美军来攻,因为这里不是战略要地,四周不设防,只是一个住着约一千人的小镇。如果这里真的堪称重要,大概是因为省议会在这里办公。其实,议会可随时根据需要迁往别的地方办公。

然而,美国还是调集了所有海军和两千五百名陆军攻击了这个不设防的小镇。当时,罗杰·希夫将军正率领两个连的皇家军队经过约克。他马上动员镇上所有能扛枪的男性平民(包括老、幼、病、伤),一起抵御美军。很快,一支近六百人的队伍组织起来了。不过,这场实力悬殊的战斗很快就结束了。在民兵的掩护下,罗杰·希夫撤向了金斯顿。美军随即攻占了约克,冲入了所谓的要塞,虽然几个民兵还在负隅顽抗,但无法改变战局。就在这时,军火库突然爆炸,攻守双方都被埋进了废墟里。爆炸过后,约克的居民们投降了,民兵们也都放下了武器,所有军需物资任由美军处置。按照投降协议,约克应该得到保护。但美军宣称爆炸是加拿大人蓄意为之,于是撕毁了投降协议,烧毁了所有的办公大

美国调集所有海军和两千五百名陆军攻击了不设防的约克。欧文·斯特普尔斯（Owen Staples，1866—1949）绘

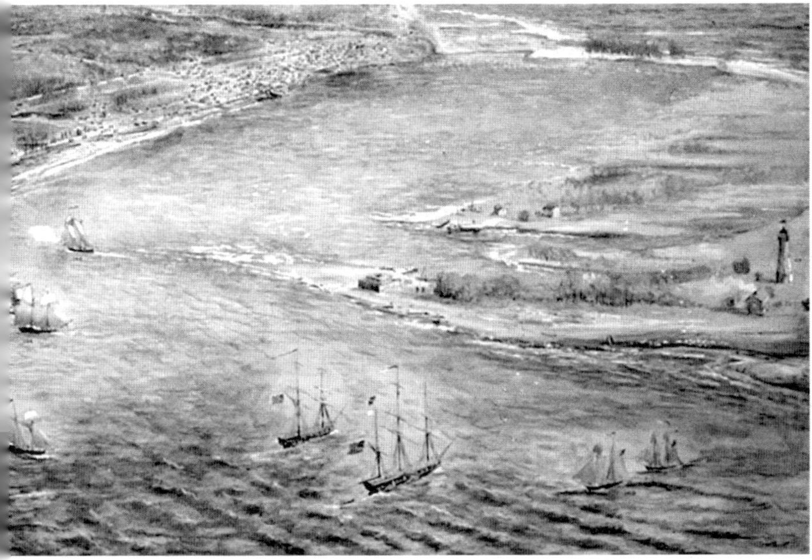

楼①，包括里面所有的资料。他们还掠走了教堂的物品，洗劫了公共图书馆，带走了所有书籍，好像他们很热爱知识似的。另外，他们洗劫和烧毁了不少民房。几天后，美军才陆续撤离。美军在约克为所欲为时，乔治·普雷沃斯特爵士则率部袭击了美军在萨基特港的大本营。眼看就要占领萨基特港了，乔治·普雷沃斯特却突然下令撤退，将士们困惑不解，非常愤怒。

　　这时，美军将进攻的目标转向了尼亚加拉边界。艾萨克·昌西率领刚刚取得约克大捷的威武之师，前往攻打乔治堡和纽瓦克。纽瓦克是一个小镇，防务归乔治堡约翰·文森特上校指挥的一千三百加军负责。然而，要塞正面的美军却有六千人。在战舰发出的猛烈炮火掩护下，美军不断冲上岸来。将军指挥有方，士兵奋不顾身地向前冲杀。虽然约翰·文森特部一次次击退了进犯的美军，但在战舰的猛轰下，损失惨重，最终被迫撤进要塞。加拿大指挥官立即调来齐佩瓦和伊利堡的守军。最后，加军炸毁了乔治堡，撤到距尼亚加拉约十二英里的比弗丹。齐佩瓦和伊利堡守军加入后，约翰·文森特的兵力增至一千六百人。然而，追兵却是携带着八门野战炮的两千五百美军，约翰·文森特被迫率部继续撤退，最后

---

① 据说，在众议院议长的椅子上，美国人发现了一顶假发套，他们误以为是人的头皮，于是拿去作为证明加拿大人极其野蛮残暴的证据。——原注

第五章

来到伯灵顿高地（Burlington Heights）。追到斯托尼溪（Stony Creek）后，美军决定安营过夜。

约翰·文森特暂时摆脱追兵后，派乔治·哈维[①]上校率领一队英勇的侦察兵去刺探敌情。乔治·哈维发现美军的守备非常松懈，于是果断出击。睡梦中的美军惊醒，在昏暗的营火中一跃而起，英勇地反击。然而，惊慌失措中的反击没有多大意义。一番昏天黑地的战斗后，美军大部被歼，温德尔和钱德勒两位指挥官以及一百多名残兵被俘，四门野战炮落入了乔治·哈维的手中（1813年6月5日）。

美军撤退时，约翰·文森特立即率部追击，同时派詹姆斯·菲茨吉本中尉率三十名英国正规军士兵和三十名莫哈克族勇士去夺比弗丹。距比弗丹数英里的地方[②]驻扎着德哈伦少校的两百加军。美军总结了战败的教训后，准备发动奇袭，夺取德哈伦少校的驻地。奉命实施奇袭计划的是勃尔斯特勒上校指挥的、配有两门野战炮的第十四步兵团五百五十美军。

然而，百密一疏，奇袭计划还是走漏了风声。詹姆斯·西科德是昆士敦的一位受伤的民兵，他获悉了美军

[①] 乔治·哈维（John Harvey，1778—1852）是加拿大当时最英勇善战的军官之一，后来担任新不伦瑞克总督。——原注
[②] 今圣凯瑟琳。——原注

天快黑时,放哨的莫哈克人发现了劳拉·西科德。亨利·桑达姆(Henry Sandham,1842—1910)绘

劳拉·西科德见到詹姆斯·菲茨吉本,告诉他美军的计划。
罗恩·基德·史密斯(Lorne Kidd Smith,1880—1966)绘

的计划，但无法亲自送信给詹姆斯·菲茨吉本，于是重任就落在了他妻子的肩上。他的妻子不辱使命，出色地完成了任务。她就是劳拉·西科德。这个女英雄的名字被永载加拿大史册。天刚蒙蒙亮，劳拉·西科德就出发了。她乔装成挤奶工骗过了美军的哨兵，赶着奶牛慢慢进了树林。远离哨兵的视线后，她便狂奔起来，二十英里的林间小路她一刻也没停歇。她看到了响尾蛇，听到了狼嚎，但她没有畏而却步。天快黑时，放哨的莫哈克人发现了她，领着她去见詹姆斯·菲茨吉本。詹姆斯·菲茨吉本大加赞扬，表达了感激。随后，劳拉·西科德被带到了邻近的农舍去休息，那里有专人悉心照顾她的起居。

詹姆斯·菲茨吉本先是派人给德哈伦送信，接着派印第安人埋伏，等待来袭之敌。黎明快到了，印第安人袭击了美军。他们躲在暗处，时不时地打几个冷枪，发出恐怖的呐喊声。美军误以为他们人数众多。听到喊杀声后，三名在附近田间劳动的年轻的加拿大民兵抄起武器，火速赶到战场。另外七八名正在劳动的民兵听到枪声后，也回家取来武器，加入了战斗。躲在树丛后面的加拿大民兵打一枪换一个地方。美军分别迎敌，却不知道敌人身藏何处。就这样，敌军的前阵出现了混乱，指挥官一时也没了头绪。就在这时，詹姆斯·菲茨吉本率

第五章

领三十名勇士，举着停战旗，朝他们走来，要求勃尔斯特勒上校投降。其实，勃尔斯特勒上校正盼着停战呢。詹姆斯·菲茨吉本恐吓道，德哈伦的大军马上就到。现在，勃尔斯特勒上校前有信念坚定的红衣军；两侧的丛林里有挥舞着剥皮弯刀的印第安人，他们不停地喊叫，令人毛骨悚然；后面有十一位加拿大民兵，他们不断地放冷枪，骚扰美军。勃尔斯特勒上校感觉已经陷入重围，情急之下慌忙率部投降。美军这么轻易地投降了，大大出乎詹姆斯·菲茨吉本的意料。为了不让美军看穿他在虚张声势，他要求勃尔斯特勒上校赶拟投降条款。最后，德哈伦率领两百名全副武装的士兵赶到后，他悬着的心才真正落了下来（1813年6月24日）。

此役之后，亨利·迪尔伯恩将军辞职，约翰·P.博伊德将军继任。几乎在同一时间，罗滕博格将军担任上加拿大总督，接着就免了罗杰·希夫和约翰·文森特的职。有那么一段时间，尼亚加拉边界保持着平静。后来，克拉克上校和林肯民兵袭击了美国施洛瑟堡，毕晓普上校袭击了美国布莱克罗克海军仓库后，平静才被打破。虽然美国重要的仓库被毁了，加军大获全胜了，但英勇善战的毕晓普上校战死了。

这时，海军准将艾萨克·昌西率舰队再次攻打不幸的省府"约克"。营房被烧毁了，公私财物遭抢了，一些小船被击沉了。然而，此时，在安大略湖上，艾萨克·昌西的"霸主"地位受到了挑战。詹姆斯·卢卡斯·约爵士率领四百五十名英国海军士兵到达金斯顿港，加拿大舰队的实力随之增强。美军有十四艘战舰，而詹姆斯·卢卡斯·约有六艘，虽然敌众我寡，但他还是从金斯顿港出发，途径安大略湖南岸时，攻取美军的几个补给站。詹姆斯·卢卡斯·约向艾萨克·昌西约战。艾萨克·昌西随即应战。两军的实力差距不大。加拿大战舰数量虽少，但吨位更重，武器装备也更好。不过，美国战舰在速度上和大炮射程上更有优势，多次粉碎了詹姆斯·卢卡斯·约短兵相接的战术。最后，两艘美国战舰被俘获，另外两艘在飓风中倾覆，除十六人被英国战舰救起外，其余悉数死亡。遭到这次沉重打击后，艾萨克·昌西无心再战，在尼亚加拉堡的炮火掩护下，撤了回去。

然而，伊利湖之战的结局却大不相同。1813年9月10日，罗伯特·赫里奥特·巴克利率六艘战舰迎战美国海军准将奥利弗·哈泽德·佩里指挥的十艘战舰。这是一场殊死搏斗。虽然罗伯特·赫里奥特·巴克利率部顽强奋战，但最终惨败。他的战舰不是被俘获，就是被击沉。在这场战斗中，双方的实力其实并非数字上所显示的那样悬殊。加拿大的战舰数量虽少，但体量较大，舷炮等武器配备也优于对方。

第五章

祸不单行的是，驻守底特律堡的普罗克特的粮道被切断了。于是，他决定放弃底特律堡，撤离西部的阵地，回到伯灵顿高地。他拆除了防御工事，带上了枪炮，撤向泰晤士河上游。连同特库姆塞的五百莫哈克勇士，他共有一千三四百人。威廉·亨利·哈里森率三千多大军紧追不舍。

接着，莫拉维亚镇惨败就上演了。在莫拉维亚镇前，普罗克特部驻扎下来，占据了有利地形，左有湍急的泰晤士河，右有雪松密集的沼泽。前方只有三百码活动地带，沼泽地带的防务由特库姆塞和他的印第安勇士负责。

据有如此有利的地形，哪怕应对十倍于己的敌人，普罗克特的兵力也绰绰有余。但他却忘记警惕美军的侦察兵和散兵了。他本可以下令砍倒镇前的树木，这样一来，一道鹿砦防线就形成了，但他却没有这样做。当威廉·亨利·哈里森的肯塔基步兵以迅雷不及掩耳之势冲上来时，普罗克特还没反应过来，他的防线就被撕破了。真正的战斗尚未开始，输赢却已定，普罗克特率部仓皇逃往伯灵顿。将士们对普罗克特失望透顶，因为就这样兵不血刃地败逃，简直是奇耻大辱。只有印第安勇士们展现出了血性。当白人盟友落荒而逃时，他们却坚守阵地，浴血奋战。其间，勇敢的特库姆塞倒下了。与战斗失利相比，他的死更令人悲痛。美军对特库姆塞恨之入骨，肢解了英雄的尸体，剥了英雄的皮，真是无耻之极。他们称特库姆塞为野蛮人，但正是特库姆塞为他们树立了仁慈、谦和、正义的榜样。普罗克特因这次惨败受到军法审判，被革除了军职。

加拿大人经历了伊利湖和莫拉维亚镇的惨败后，尚普兰湖大捷令他们感到些许安慰。两艘武器精良的美国战舰"老鹰"号和"咆哮"号，控制了尚普兰湖。下加拿大在核桃岛①的大门依旧紧闭。加拿大指挥官泰勒上校料到美军会来进攻，于是部署了三艘小炮艇。一时之间，他找不到水兵，于是他就拉了几个步兵当水兵用。美国战舰打过来时，遭到猛烈还击。经过四小时的激战，两艘美国战舰被俘获了。接着，在英国海军的帮助下，美国的残余武装被肃清了。

没过多久，美军人数最多但极少出动的北路军兵分两路，直奔蒙特利尔而来。一支由韦德·汉普顿将军指挥，共七千人马，出尚普兰湖，前往沙托盖河，然后欲顺河而下到达河口，接着穿过河口，抵达蒙特利尔岛岬。另一支由詹姆斯·威尔金森②将军指挥，共八千人马，出

---

① 核桃岛是黎塞留河上的一个小岛，距尚普兰湖很近。——译者注
② 詹姆斯·威尔金森（James Wilkinson, 1757—1825），美国军官，参加过美国独立战争。1812年战争爆发后，他率领一支美军前往加拿大战场。1814年，在拉科勒磨坊战役中，他在兵力远胜对手的情况下却吃了败仗，受到美国军事法庭的审讯。——译者注

第五章

萨基特港，乘船顺圣劳伦斯河而下，前往拉欣与韦德·汉普顿会合。抵御韦德·汉普顿进攻的是一支临时拼凑的部队，总计约一千六百人。其中三百五十人——主要是魁北克轻步兵和少数苏格兰高地志愿军——组成侦察部队，由骁勇善战的查理·萨拉贝利指挥，他是法裔加拿大贵族，曾为英国的海外战争立下赫赫战功。

击退韦德·汉普顿对奥德尔敦森林的进攻后，查理·萨拉贝利率部急行军前往沙托盖河。在一片易守难攻的森林地带，他筑起了防御工事。工事前边是四条切断来路、平行的沟壑；左边是河；右边是沼泽；后边半英里的地方是河滩，由博阿努瓦民兵的一个小分队驻守，而取得奥格登斯堡大捷的麦克唐奈率苏格兰高地志愿军做后援。

美军兵分两路来攻。一路由伊泽德将军率领，进攻加军的正面，另一路由珀迪上校率领，沿远处的河岸绕到工事后边进攻河滩。正面进攻遭到猛烈的回击，美军杀不进胸墙。战斗过程中，加拿大号手一直吹着慑人心魄的号角，号声回荡在每个角落。美军误以为加拿大所有的兵力都集中在正面。虽然正面攻势弱了下来，但河滩攻势依旧强劲。加拿大守军慢慢后撤，美军紧追不舍，一直追到沙托盖河拐弯处。突然，美军发现陷入了查理·萨拉贝利的伏击圈，遭到痛击。好不容易冲出伏击圈后,美军仓皇向灌木丛林逃去。正在丛林中行进的美军误以为他们是加军,于是开枪扫射。美军乱成了一锅粥。巨大的恐慌之中,他们纷纷夺路而逃,背包、军鼓、火枪和露营装备扔得一路都是。三百五十人完胜三千五百人,沙托盖河大捷值得永远铭记。这是一场由法裔加拿大人独立领导,法裔加拿大民兵独立作战所取得的胜利,可能也是整个战争中最辉煌的一战,是加拿大武装力量永远的骄傲[1]。

这时,詹姆斯·威尔金森将军仍然在萨基特港逗留。直到11月3日,他才率部出征。一支由三百艘船组成的舰队由炮艇护航,顺圣劳伦斯河而下。与此同时,还有一千两百名士兵沿圣劳伦斯河南岸前进。在距普雷斯科特炮台很远的地方,这支美军进入加拿大领地,随后增加到近三千人。一支八百人的加拿大侦察步兵团一直尾随、骚扰美军。侦察步兵团由英国正规军和金斯敦的加拿大民兵组成,威廉·亨利·莫里森上校任主将,斯托尼溪战役英雄乔治·哈维任副将。过了威廉斯堡(史册中记载的名字),美军再也无法承受加拿大侦察步兵团的骚扰。詹姆斯·威尔金森将军命令美军掉头去"干

---

[1] 沙托盖河大捷的勇士们都受到了英国政府的特别嘉奖,每位参战的士兵都获得了一枚勋章。查理·萨拉贝利被授予"骑士"称号,并担任巴思军团的司令。——原注

第五章

掉那些讨厌的家伙"。然后，美军在克莱斯勒布阵，愤怒地面对着那一小撮捣乱的人。11月12日下午战斗打响了。虽然美军人数上拥有优势，但还是被加拿大侦察步兵团牵制了，最后不得不退回船上。詹姆斯·威尔金森将军非常懊恼，于是催船加速前进，希望能和韦德·汉普部会合。到了雷吉斯，他听说了沙托盖河战役中美军溃败的消息，于是立刻放弃攻打蒙特利尔的计划，而美军因此陷入了尴尬的境地。

1813年底的行动已经不是战争，而是相互报复。12月，乔治·普雷沃斯特①将军担任上加拿大的军事统帅，他决定攻打乔治堡。然而，该决定毫无意义，因为乔治堡原本就由尼亚加拉堡控制，所以对英美两军来说，乔治堡原没有多大价值。当加拿大军队逼上来时，麦克卢尔将军放弃了乔治堡，退守美国边界。然而，在离开之前，他将纽瓦克镇付之一炬，12月的寒夜里，所有的居民流离失所了。加拿大人心中播下了仇恨的种子。这种毫无人性的野蛮行径立即遭到了报应。愤怒的加拿大人冲到河对岸，占领尼亚加拉堡，火烧刘易斯顿和布法罗，摧毁尼亚加拉边境的所有美国定居点。

当再次把注意力从大湖区转向海上时，我们会发现，

---

① 乔治·普雷沃斯特（George Prévost，1767—1816），英国军官，殖民地官员，曾任加拿大总督（1811—1815）。——译者注

1803年的夏天让英国从1812年的海战"灾难"中获得了些许慰藉。6月初,美国的"切萨皮克"号驱逐舰正在波士顿港休整时,英国的"香农"号护卫舰和"特纳多斯"号护卫舰出现了。"香农"号护卫舰装备一流,配有五十二门大炮,舰上官兵满员,训练有素,舰长是菲利普·布罗克。他忘不了英国之前海战的惨败,别提多想一雪前耻了。打发走"特纳多斯"号后,他正式向"切萨皮克"号舰长劳伦斯发出挑战,一决高下。劳伦斯欣然接受了挑战。6月11日,他驶出港口,准备应战,在他的战舰之后,聚集了许多波士顿的游船和游艇,他们希望再次见证海上霸主的胜利。两艘战舰势均力敌,都配有五十二门大炮,但"切萨皮克"号在舷炮重量、吨位和船员数量方面略占优势,具体情况如表5-2所示:

表5-2 美英双方实力对比

美国		英国	
"切萨皮克"号		"香农"号	
大炮	52	大炮	52
金属重量	1 180磅	金属重量	1 070磅
吨位	1 135	吨位	1 066
船员人数	376	船员人数	306

这是一场惊心动魄但短时间就分出胜负的殊死搏斗。"切萨皮克"号驱逐舰与"香农"号护卫舰上的大炮一番狂轰滥炸后,开始互相逼近。两舰刚一靠近,"香农"号上的将士们便奋力登上了敌舰,他们手握弯刀,

"切萨皮克"号驱逐舰与"香农"号护卫舰上的大炮一番狂轰滥炸。威廉·埃尔姆斯绘

菲利普·布罗克带着"战利品"——被俘获的"切萨皮克"号驱逐舰,返回了哈利法克斯。约翰·克里斯蒂安·肖特基(John Christian Schetky,1778—1874)绘

第五章

越过舷墙,挥刀砍向桁端、索具和敌人。劳伦斯身先士卒,率部奋力抵抗,最终身受重伤,倒地而亡。从第一发舷炮打响到"切萨皮克"号的旗帜降下,只有短短十五分钟。"香农"号挽回了英国海军的声誉。菲利普·布罗克带着战利品,返回了哈利法克斯,战死的劳伦斯也葬在了这里。大快人心的好消息传来了,英国人奔走相告。

尽管备战活跃了哈利法克斯的经济,繁荣了相邻地区的贸易,但1813年,新斯科舍省和新不伦瑞克省并没有发生重大事件。通过销售在美国海岸缴获的战利品,哈利法克斯又获利不少。不过,美国私掠船也会时不时地侵入,发动突袭,搞一些破坏。尤其是安纳波利斯,一再遭到私掠船的侵扰,百姓们苦不堪言。厄运降临在切斯特,它屡遭掠夺。富饶的康华里山谷遭到多次袭击。与从走私贸易中获得的收益相比,私掠船[1]带给人们的损失更重,他们勤勤恳恳积累的财富转瞬就可能被掠走。所以,新斯科舍和新不伦瑞克的百姓做了充分准备,决定效仿敌人,以牙还牙。在大西洋偏僻的港口和芬迪湾沿岸,他们配备了许多快速私掠船,加强巡逻,为两省

---

[1] 马翁湾(Mahone Bay)曾发生过"小勒索者"号(Young Teazer)事件。这艘美国私掠船在马翁湾遭到了两艘英国战舰的驱逐,私掠船上的船员做了殊死抵抗,就在快要被俘之际,小船却突然爆炸,只有八名船员死里逃生。爆炸惨案为一名英国叛逃者所为,他深知被俘后就会被处以绞刑,所以点燃了船上的弹药装置。——原注

的财富积累保驾护航。

第四节 1814年战争

接下来的冬天，援军进了加拿大，为开春时可能爆发的激战做准备。1814年2月，第八步兵团的一部历经千难万险，沿着第一零四步兵团已经探好的路线，从弗雷德里克顿来到圣劳伦斯。两百五十名英国水兵也经这条线路赶到五大湖区。

美军的蒙特利尔秋季攻势虽然受到遏制，但美军没有打算放弃。3月底，五千美军出普拉茨堡，越过边界，进攻驻扎在拉科勒磨坊的加军。拉科勒磨坊是个坚固的要塞，汉德科克少校率五百加军坚守。拉科勒磨坊是一个大型的二层石头结构建筑，非常坚固，易守难攻。詹姆斯·威尔金森调集了所有兵力来攻。虽然加军的人数不多，但他们奋勇迎战，经过几小时的鏖战，击退了美军。进攻受挫后，詹姆斯·威尔金森辞去了指挥权。尚普兰边境又恢复了往日的平静，战争中心转移到了上加拿大。5月，一支远征军出金斯敦，攻克奥斯韦戈堡，然后将要塞夷为平地。在尼亚加拉边境，美军攻占了伊利堡，弥补了丢掉尼亚加拉堡的损失。该地区只有两千

第五章

名加军和几门野战炮,指挥官是菲尼亚斯·里亚尔[①]将军。1814年7月5日,菲尼亚斯·里亚尔率部进攻驻扎在奇佩瓦附近的美军。然而,美军的兵力三倍于菲尼亚斯·里亚尔部。最后,寡不敌众,菲尼亚斯·里亚尔部被击退了。

几周后,戈登·雷沃斯特将军率援军抵达。7月26日,朗迪道之战[②]打响,不久陷入胶着状态。戈登·雷沃斯特将军的加军由两千八百名正规军和民兵组成,而雅各布·布朗将军的美军则达到五千。朗迪道离尼亚加拉大瀑布不远,站在道上,便能听到尼亚加拉大瀑布奔流之声。交战伊始,戈登·雷沃斯特部就夺取了朗迪道。战斗从下午5时开始。这是一场短兵相接的殊死搏斗,双方的距离近到几乎可以炮口对炮口了,绿色的小道上躺满了尸体。虽然美军一度掌握了主动权,但没有持续太久。就在这样你来我往的激战中,不知不觉,夜幕降临了。天空乌云密布,但白色的月光耐不住性子,会不时地洒向狼藉的战场。9时快到了,两军停止了进攻,突然的宁静让尼亚加拉大瀑布哗哗的水声分外清晰。不一会儿,两军的将士们恢复了体力,枪炮又向彼此的阵地怒吼起

---

① 菲尼亚斯·里亚尔(Phineas Riall,1775—1850),爱尔兰裔英国军官、政治家。他由西印度群岛来到加拿大,参加了1812年战争。——译者注
② 美国历史学家称"雷沃斯特维尔之战"。——原注

来。虽然两军酣战到午夜，但势均力敌，未分输赢。最后，美军扔下数百名伤亡人员撤离战场，回到齐佩瓦营地。第二天，美军将所有的辎重投进河里，炸毁了奇佩瓦大桥，逃回了伊利堡[①]。

戈登·雷沃斯特率部紧紧追赶撤退的美军，包围了伊利堡。不过，他遭到了两支美军的围攻，率部突围后，退守奇佩瓦。在奇佩瓦，两军僵持了数周，都没有采取进一步的军事行动。于是，战场转移到了其他相对偏远的地方。8月，一支美国远征军北攻密西里麻金克堡。不过，这次军事冒险对美军简直就是一场灾难。英勇的驻军不仅击退了美国远征军，还俘获两艘战舰。9月，乔治·普雷沃斯特计划摧毁尚普兰湖旁的美军大本营普拉茨堡，但他的行动以彻底失败告终。

大家都盼着乔治·普雷沃斯特能有一番大作为，盼来的却是一场灾难。英国及其盟友在旧世界凯歌高奏，打败了拿破仑，将他流放到厄尔巴岛上。英国终于可以将大军送往美洲大陆了，皇家舰队封锁了从墨西哥湾到新斯科舍的全部海岸，威胁着美国各港口。同时，强大的陆军增援部队也抵达下加拿大。乔治·普雷沃斯特接

[①] 一些美国历史学家不提他们在沙托盖和克莱斯勒农场战役中的失败，声称朗迪道战役最后的胜利者是美国人。这一说法毫无根据，事实是美国人烧毁桥梁，将所有辎重扔进河里后，匆匆撤离。——原注

普拉茨堡之战期间，乔治·唐尼指挥舰队与美国舰队激战。
本杰明·坦纳（Benjamin Tanner，1835—1923）绘

到命令，要痛击尚普兰湖旁的美军，致其于死地。他率领一万三千精兵沿湖岸而上，直扑美军阵地。部队中大多数士兵都参加了惠灵顿公爵指挥的西班牙战役，作战经验丰富。乔治·唐尼[①]指挥一支由护卫舰、炮舰和炮艇组成的海军舰队，配合陆军的行动。这时，普拉茨堡的大炮掩护着美国舰队。乔治·普雷沃斯特的作战计划是，在乔治·唐尼消灭美国舰队时，陆军要迅速攻下普拉茨堡。然而，事实上，美国舰队是一块很难啃的骨头，在激烈的海战中，乔治·唐尼阵亡了，英国舰队也被彻底击溃了。突如其来的灾难吓坏了乔治·普雷沃斯特，他马上下达撤军的命令，根本不管战场上的伤兵。于是，他们只能祈求上帝垂怜。乔治·普雷沃斯特对这次莫名其妙的撤军给出如下解释：英国舰队已被击溃，控制尚普兰湖无法实现，夺取普拉茨堡再无任何意义。但他麾下的将士们却大为恼火。面对这种窝囊的决策，许多怒不可遏的军官折断了他们的宝剑。几个月后，乔治·普雷沃斯特被召回英国受审，但在途中他生了病，未待审判就去世了。据传，面对美军的炮火时，这位倒霉的将军英勇无畏，但面对紧急情况时，他缺乏坚定的信念和承担责任的勇气。

[①] 乔治·唐尼（George Downie，1778—1814），英国皇家海军军官。1812年战争期间，他赴加拿大参战，死于普拉茨堡之战。——译者注

第五章

1814年夏,沿海省发生了一些重要的事情。新斯科舍总督约翰·舍布鲁克①爵士认为,英国收回与缅因州存在争议领土的时机已经成熟。7月,他组织了一支远征军。不久,远征军攻占了伊斯特波特。约翰·舍布鲁克要求这里的百姓宣誓效忠英国王室。9月,远征军挺进西部的佩诺布斯科特,攻占了卡斯汀和班戈,并宣布了英国对周边地区的统治。事实上,这里原是阿卡迪亚的一部分。在没有遇到任何反抗和流血冲突的情况下,约翰·舍布鲁克就完成了这一伟大的事业,百姓们也欣然归顺。在这年战争的其他时间里,该地区一直由约翰·舍布鲁克治理。新增的关税成为新斯科舍财政收入的一部分。政府把这笔钱注入了新成立的卡斯汀基金会,后累计至近四万美元。过了几年,大部分钱花在了哈利法克斯的达尔豪斯大学的建设上。

与此同时,英国还在南部不断向美国施加压力。科克伦将军率舰队驶入切萨皮克湾,炮击麦克亨利堡。麦克亨利堡是巴尔的摩的防御要塞。舰队还将一支罗伯特·罗斯将军指挥的陆军送往华盛顿。为了报复美军对约克的破坏,罗伯特·罗斯率部烧毁了美国国会大厦和

---

① 约翰·舍布鲁克(John Sherbrooke, 1764—1830),英国军官、殖民地官员。1811年,他被任命为新斯科舍副总督。在与缅因州的领土争夺战中,他英勇果敢,为新斯科舍的稳定与繁荣做出巨大贡献。——译者注

科克伦将军率舰队驶入切萨皮克湾，炮击麦克亨利堡。绘者信息不详

为了报复美军对约克的破坏,罗伯特·罗斯率部烧毁了美国国会大厦和其他公共建筑。保罗·M.拉伊尼(Paul M. Rapin,生卒不详)绘

1814年圣诞节前一天,英美两国签署了《根特和约》。英国代表甘比尔男爵(穿军装者)与美国代表约翰·昆西·亚当斯握手。阿梅德·福雷斯蒂尔(Amédée Forestier,1854—1930)绘

奥尔良战场上的安德鲁·杰克逊将军。托马斯·萨利（Thomas Sully，1783—1872）绘

安德鲁·杰克逊将军站在护墙上,指挥美军反击进攻的英军。
爱德华·珀西·莫兰(Edward Percy Moran,1862—1935)绘

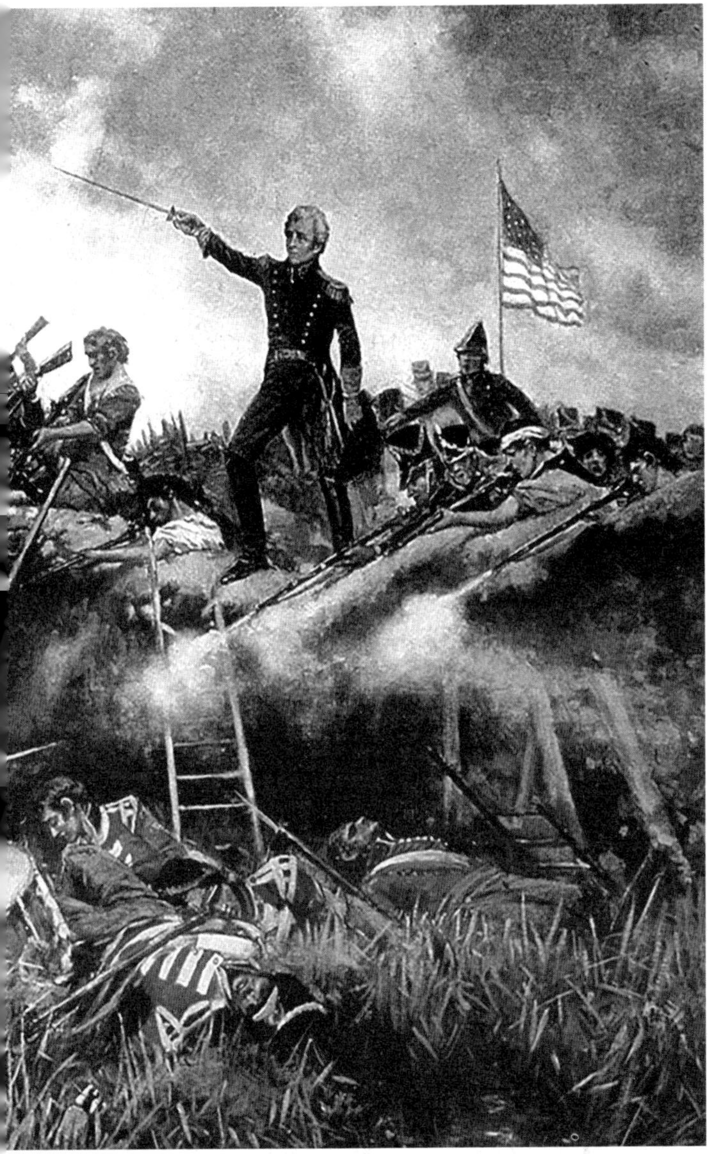

其他公共建筑。与此同时，英美两国派出代表在荷兰的根特和谈。最终，两国就和平条款达成共识。1814年圣诞节前一天，两国签署了《根特和约》。和约规定，两国应该归还在战争期间从对方那里夺取的土地。然而，和平的消息却迟迟没有传到新世界。1815年1月，一场血雨腥风的战斗爆发了。爱德华·帕克南①将军率领一支强大的军队前往攻打新奥尔良。新奥尔良守军大多是没有战斗经验的民兵，而且人数上远少于英军，但指挥官安德鲁·杰克逊却年富力强、英勇善战。在他的指挥下，守军巧用沙袋和棉包，加固了护墙，他们的勇气令人肃然起敬。面对这种新式护墙，英军无可奈何。更糟糕的是，长长的棉包护墙一旦点火，噬人的火苗便会迅速蔓延，形成一道火墙。两千名英军就这样倒在了火墙前。战争的结果是英军大败，爱德华·帕克南战死。安德鲁·杰克逊受到敬仰和称颂，不久便进了白宫。

战争结束了。美国人民只得到了灾难。这场旷日持久的战争是他们毫无缘由地挑起事端，肆意入侵加拿大的结果。正如他们伟大的政治家约翰·昆西·亚当斯在国会上说的那样，"自有海盗入侵以来，没有哪场战争

---

① 爱德华·帕克南（Edward Pakenham，1778—1815），爱尔兰裔英国军官、政治家，惠灵顿公爵的妻弟。1815年，爱德华·帕克南在率军攻打新奥尔良的战斗中牺牲。——译者注

还能比这场战争更令人感到可耻"。在策反加拿大人无果后,美国竟然动了武,入侵了一个无辜民族的领土。到战争结束时,美国并未赢得几场胜利,相反却承受了太多失败的痛苦,繁荣的海上运输业处于崩溃的边缘(英国夺走了三千艘商船);外向型商业遭受重挫,三分之二的商人破产;出口贸易额从战前的一亿美元下跌到战时的不足八百万美元,进口贸易额从一亿四千万美元下跌到一千五百万美元。虽然付出了生命和金钱,但美国并没有改正已经犯下的错误,一英尺领土也没有多得。事实上,除了傲慢自大和不安分守己的名声外,美国一无所获。

然而,加拿大取得了辉煌的胜利,直至今天,我们的血液里依然流淌着光荣。战争期间,某些辉煌的、有决定性意义的战役是加拿大民兵打赢的。这些胜利告诉我们,即使在敌我力量存在巨大悬殊的情况下,我们也有能力保卫辽阔的边疆。这些胜利还告诉我们,任何非正义的侵略战争都不会获得百姓支持,美国侵略的失败就是殷鉴。美国独立战争中,英军之所以没有多少战斗力,是因为英国百姓怀疑战争的正义性。1812年战争中,美军之所以表现不力,是因为聪明的百姓和开明的社会各界反对肆意侵略。加拿大经过战火的洗礼,不仅在军事上实现了自力更生,还在百姓心中播撒下了爱国主义的种子。加拿大认识到,无论百姓们的血统是法国的、苏格兰的、爱尔兰的还是德国的,只要外敌入侵,百姓们就会精诚团结,共同御敌。战争中,虽然不少家园被毁,不少百姓流血牺牲,但彼此陌生的各省却紧密地团结起来,建立了兄弟般的情谊,实在难能可贵。这种兄弟情谊始于布雷顿岛—麦基诺海峡联盟。后来,世人皆知的四省联盟出现了。联盟一步步扩大到太平洋岛屿。其间,锦上添花的是,东方门户纽芬兰岛最终也加入了联盟。

第六章

第一节 1789年到1835年的西北地区

西北地区的开拓者们躲开了战争的喧嚣。在一片寂寞荒凉的土地上,他们开启了一段艰难的创业岁月。之所以来到这片辽阔的大地,他们主要想从毛皮贸易中获益。因为哈得孙湾公司受到总部设在蒙特利尔的劲敌——西北公司的挤压,所以不得不把业务转移到内陆。很快,一座座孤零零的贸易站沿着河口和海岸建起来了。西北公司之名也由此而来。北到北极圈,西到落基山脉甚至太平洋,哈得孙湾公司和西北公司纷纷圈地建贸易站。有时,它们的贸易站毗邻而建,彼此忌妒,争抢生意,流血冲突时有发生。哈得孙湾公司的雇员主要来自奥克尼群岛,西北公司的雇员主要是法裔加拿大人。当初,吃苦耐劳的法国人扎根土著部落,与部落里的女人结婚

哈得孙湾公司的贸易站。亨利·亚历山大·奥格登（Henry Alexander Ogden，1856—1936）绘

第六章

生子，于是混血后裔出现了。虽然混血后裔不缺野性，但处事能力很强，而且乐于接受教化。最后，他们逐渐成为西北公司的主要力量。

在西北地区开拓史上，最著名的人物当属苏格兰高地人亚历山大·马更歇[①]。18世纪七八十年代，他来到新世界，供职于蒙特利尔的西北公司。很快，勇敢执着的亚历山大·马更歇就从一群躁动不安的人中脱颖而出，展现了非凡的领导才干。1789年夏，亚历山大·马更歇一行人从阿萨巴斯卡湖畔的奇佩瓦扬堡出发，分乘四艘独木舟，沿大奴河北上，到达大奴湖。之后，他们顺马更歇河而下，7月底航行到了北冰洋。完成这一壮举后，他回英国学习了一年。在日后的探索发现中，他就能更准确地定位和做标识了，他的发现记录的科学价值更高了。他还完成了另一项壮举。他从奇佩瓦扬堡出发，逆皮斯河而上，穿过落基山脉的峡谷，一直向前航行到皮斯河的发源地，即现在的太平洋省不列颠—哥伦比亚。

[①] 亚历山大·马更歇（Alexander Mackenzieor，1764—1820），苏格兰探险家、皮毛商。他出生于苏格兰，后移居加拿大，做毛皮生意。18世纪80年代的加拿大毛皮贸易兴盛，这时需要找到一条通往太平洋的水道。为此，马更歇曾两次探险。1789年6月，他开始第一次探险，虽然没有成功，但发现了一条河流（后来以他的名字命名）；1792年，在第二次探险时，他发现了从加拿大腹地通往太平洋的水道，这使他成为通过陆地到达太平洋的第一位欧洲人。通过陆路到达太平洋后，马更歇恢复了自己作为毛皮商的老本行。——译者注

接着，他继续出发，历尽艰险，来到了太平洋海岸。为了纪念这个辉煌的时刻，狂喜的探险者将印第安人常用的朱砂和油脂混在一起，以此为墨，在俯瞰大海的崖石上写道："1793年7月22日，加拿大人亚历山大·马更歇由陆路探游至此。"

同一时期，乔治·温哥华船长沿着詹姆斯·库克船长1778年到1779年走过的路线，探索了不列颠—哥伦比亚海岸的情况，并与西班牙人就温哥华岛的主权归属问题进行了激烈的交锋。库克船长曾经登了岛，来到努特卡。之后，努特卡就发展成加拿大人与印第安人的贸易中心。1788年，约翰·米尔斯船长在温哥华岛建起了定居点，而西班牙人则宣称温哥华岛属于西班牙，于是野蛮地摧毁了新建的定居点。乔治·温哥华奉命来太平洋，就是为了调查这件事。1792年，抵达努特卡时，他发现这里住着西班牙人。在他强烈的要求下，西班牙人最终撤离。双方的争议交由第三方仲裁解决。仲裁的结果是南到加利福尼亚北至俄属美洲范围内的太平洋海岸都划给了大不列颠。1792年，西班牙人称为俄勒冈河的河口驶入一艘美国船，船长将河命名为"哥伦比亚"。奇怪的是，这位爱国的美国船长起的名字后来居然成了加拿大的一个省名，而西班牙人起的名字却成了美国的一个州名。

第六章

　　西北地区开拓史上，另一位杰出的人物就是塞尔柯克伯爵。前文已经讲过他在爱德华王子岛和上加拿大省的殖民开发事迹。1811年，这位地位尊贵的殖民开发者从哈得孙湾公司购得红河地区的一大片土地，将其命名为"阿西尼博亚"。接着，他取道哈得孙湾，将一批苏格兰和爱尔兰移民送到阿西尼博亚。1812年，这些开拓者不顾东部地区的战争危险，在红河两岸肥沃的土地上建起了定居点。之后，每年都会有新移民涌入，定居点逐渐繁荣起来，最终激起了西北公司混血后裔的忌妒。在西北公司的一些商人劝说下，许多新殖民者离开红河，前往佐治亚湾的佩内坦吉申定居。然而，不屈不挠的塞尔柯克伯爵又运来一批新移民。1816年，忍无可忍的混血后裔声称，他们生而拥有整个西北地区，自诩为"新国家"。既然有人入侵，他们必然宣战。塞尔柯克伯爵定居点中心的道格拉斯堡首先遭到了攻击，总督罗伯特·森普尔[①]在冲突中丧生。当时，塞尔柯克伯爵率领一支队伍从蒙特利尔往回赶，途中获悉了罗伯特·森普尔的死讯。为了报复，他们攻占了西北公司在苏必利尔湖畔重要的贸易站威廉堡。在威廉堡度过冬天后，他们

---

① 罗伯特·森普尔（Robert Semple，1777—1816），英裔商人、游记作家。1815年秋，罗伯特·森普尔出任哈得孙湾公司总督，1816年在与西北公司争夺红河殖民区地盘的冲突中丧生。——译者注

亚历山大·马更歇。托马斯·劳伦斯（Thomas Lawrence，1769—1830）绘

1788年，约翰·米尔斯船长在温哥华岛建起了定居点。约翰·米尔斯绘

直扑红河谷，迅速征服了混血后裔。就这样，红河定居点在动荡之中诞生了。半个世纪后，这里变成了现在的草原省曼尼托巴。

1821年，曾经彼此敌视的西北公司和哈得孙湾公司合并了。于是，红河定居点潜在的危险消除了。这个时期前后，一批瑞士移民来到红河地区定居。从此，这里迎来了一段和平发展时期。1835年，红河殖民区开始由政府（即阿西尼博亚委员会）正式管辖。在加拿大联盟收购西北公司之前，这里的地方政府一直自治。阿西尼博亚委员会议会位于加里堡。加里堡是红河殖民区政府的首府。哈得孙湾公司的总裁担任阿西尼博亚委员会议会的议长。首任议长是乔治·辛普森[1]爵士，他年富力强、精明能干。

约翰·富兰克林[2]爵士的功绩和乔治·巴克[3]的探险注定写入西北地区的发展史。虽然他们没有开拓新的疆土，但却给我们留下了一笔英雄主义的精神财富。纳尔

---

[1] 乔治·辛普森（George Simpson，1792—1860），既是哈得孙湾公司鼎盛时期（1820—1860）的总督，也是当时整个鲁伯特地区的最高行政长官。——译者注

[2] 约翰·富兰克林（John Franklin，1786—1847），英国皇家海军军官、探险家，发现了经加拿大内陆水域通往北冰洋的西北航道。——译者注

[3] 乔治·巴克（George Back，1796—1878），英国皇家海军军官、北冰洋探险家、自然风光画家。——译者注

第六章

逊河口的约克法克特里[①]与奇佩瓦扬堡是他们带领考察队出发的地方。

第一次远征考察（1819—1822）时，约翰·富兰克林取道科珀曼河，到达北冰洋。在科珀曼河口，他建立了一个站点。第二次远征考察（1825—1827）时，约翰·富兰克林顺马更歇河而下，探察了极地的西海岸。

乔治·巴克远征考察（1833—1835）时，顺大鱼河[②]而下至河口。他在河口建起了里莱恩斯堡。

1845年，约翰·富兰克林再次进行远征考察，但他和他的队员全部不幸遇难。

第二节 政治纷争与人口增长

1812年战争后，圣劳伦斯河流域和五大湖区诸省人口增长，政治纷争频现。大不列颠现在处于和平时期，一大批退役士兵需安置，军官退役后还要领取半薪。可现实是，大不列颠四岛近年来的劳动力人口增长迅猛，根本就没有那么多的就业岗位。于是，政府开始考虑向海外移民。1816年，解决退役官兵安置的"珀斯移民"

[①] 约克法克特里（York Factory）是哈得孙湾公司在今曼尼托巴省东北地区最早建立的贸易站和殖民定居点（1684），位于海因斯河口（Hayes River）。1936年，入选加拿大国家历史遗址名录。——译者注
[②] 亦称"巴克河"。——原注

约翰·富兰克林取道科珀曼河,到达北冰洋。在科珀曼河口,他建立了一个站点。乔治·巴克绘

第二次远征考察(1825—1827)时,约翰·富兰克林顺马更歇河而下,探察了极地的西海岸。乔治·巴克绘

计划启动。此后，涌入上下加拿大省的移民数量每年都在攀升。起初，这些移民主要是苏格兰人和爱尔兰人，但不久英格兰人和威尔士人也加入了移民大潮。不过，这些移民不是贫穷驱使来的，而是在政府的严格监控下迁来的。他们构成了一个坚强、独立、自尊的群体。这一事实毋庸置疑，因为英国政府在制订移民计划时已经考虑到要确保加拿大人整体上拥有较高的知识水平、道德修养和身体素质。移民通常会在魁北克登陆。不愿继续远行的人就在周边地区定居了下来，一部分移民继续向西南方向前行，到了魁北克东部和圣弗朗西斯科河谷地带，还有一部分移民则在蒙特利尔一带安了家。但大部分移民选择了前往上加拿大省定居，因为那里实行他们所熟悉的英国法律和制度。新移民们三五成群地分布到了上加拿大省各地。他们在荒野上建起了一座座新城，过上了富足的生活。就在这一时期，人们还开凿了丽都运河①（Rideau Canal），连通了金斯敦和渥太华河畔的肖迪埃瀑布。许多新移民获得了丽都运河和渥太华河两岸的土地。1825年，肖迪埃瀑布旁出现了一个繁忙的伐木小镇，小镇取名拜顿（Bytown），以纪念建造丽都运

---

① 这一工程是英国政府出于军事目的而修建的，一旦圣劳伦斯河道被敌人控制，这条通道可以确保蒙特利尔和五大湖区之间能保持联系。——原注

第六章

河的工程师约翰·拜[1]上校。最初,这个船工和伐木工居住的偏僻一隅,后来发展为美丽的渥太华市,而渥太华市最终成了加拿大的首都。

1826年,英国议会成立了加拿大公司,它成为开荒、定居的主要推手。加拿大公司拥有一百万英镑的资本,在上下加拿大两省购买了将近三百万英亩的土地,同时还承诺修建发展所需的道路和其他设施。公司干事是埃尔郡的约翰·高尔特[2]。他是一位年富力强的苏格兰作家,对待工作热情似火。加拿大公司开发、建设了许多欣欣向荣的新城,譬如繁忙的高尔特和戈德里奇,还有昵称为"皇家城"的圭尔夫。圭尔夫是一座优雅的小城。1831年是移民人数增长最快的一年,当时至少有三万四千名移民到加拿大定居。据估计,从1829年开始,四年间定居加拿大的人已超过十六万。一位加拿大史学家[3]将这段时期称为"大移民时期"。

随移民进入上下加拿大两省的还有一场严重的瘟疫(1832—1834)。1832年6月,一艘载有患亚洲霍乱病

---

[1] 约翰·拜(John By,1779—1836),英国军事工程师,因成功开凿丽都运河而闻名。他还是渥太华的早期规划者和建设者。——译者注

[2] 约翰·高尔特(John Galt,1779—1839),苏格兰小说家、企业家、政治家和社会评论家。因为他的作品的内容大多涉及工业革命,所以他被称为"用英语创作政治小说的第一人"。——译者注

[3] 乔治·布赖斯(George Bryce),他是《加拿大简史》的作者。——原注

丽都运河。托马斯·巴洛兹(Thomas Burrowes, 1796—1866)绘

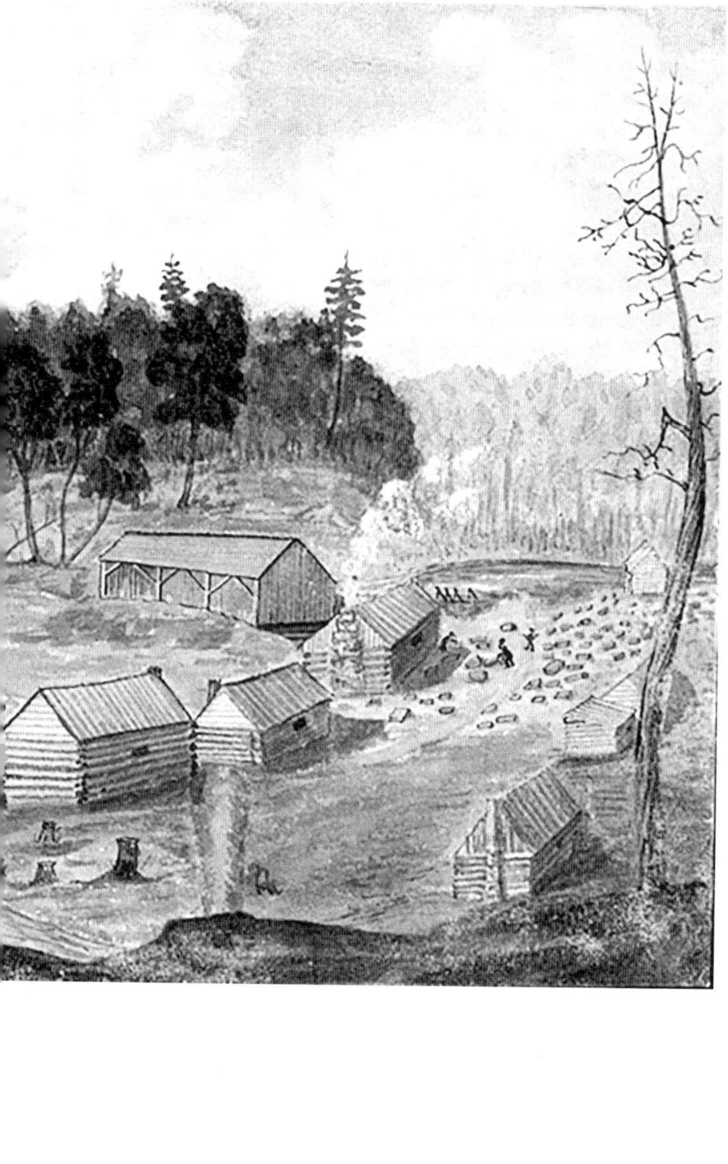

人的轮船从都柏林出发,后抵达圣劳伦斯河。虽然轮船立即被拦截在河下游的隔离站,但即便这样,次日,魁北克仍然有数千人染上霍乱。之后,瘟疫在圣劳伦斯河流域火速扩散,蒙特利尔也遭到了侵袭,五大湖区诸省新建的城镇和村庄也未能幸免。秋天的霜冻阻止了瘟疫的蔓延,惊恐万状的人们终于有时间去悼念死去的亲人了。他们感觉安全了,可以自由地呼吸了。然而两年后,霍乱卷土重来,再次破坏了宁静的生活。整整一个夏天,人们苦不堪言。

人口平稳增长的同时,政治冲突却在不断增多。战后的半个世纪里,政治斗争几乎构成了加拿大历史的全部。斗争的一方是代表百姓利益的议会,另一方是代表王室利益的执行委员会、立法委员会以及总督。虽然双方的斗争在上加拿大省、下加拿大省、新斯科舍省和新不伦瑞克省的表现不尽相同,各有特点;但同时又有许多共同之处。我们要找到造成所有冲突的共同根源。在一个省,冲突的根源似乎是宗教信仰的不同;而在另一个省,冲突的根源似乎是种族和语言的不同。但如果我们认真分析的话,就会发现这些都不过是某种巧合而已。实际上,双方的斗争就是立宪体制不同观点的交锋。争论的焦点就是所谓的代议制政府,即责任政府到底应该代表谁的利益。18世纪后半叶,一些省可以自由立法,虽然人民名义上管理政府,但实际上远非如此。事实上,政府的职能由执行委员会决定,而我们知道执行委员会的委员资格是终身制的,委员们不用向任何人负责。他们只代表一小部分特殊阶级的利益,但因为他们中的大多数同时也在立法委员会占有席位,与立法委员会有着千丝万缕的关系,所以他们掌握着立法的权力。他们名义上是总督的顾问,但实际上他们会支持立法委员会的决策,加之总督往往不大了解省务,他们就利用自己的身份影响总督理政。无论明智与否,他们的统治都是不折不扣的寡头统治。这与盎格鲁—撒克逊的自由精神完全背道而驰。

无论人民与这种寡头统治的斗争呈现怎样的形式,他们最终的目标都是约束、控制总督的那些顾问们。人民要求执行委员会直接对他们负责,换言之,执行委员会的成员应该从人民选出的代表中产生,而当人民不再选举他们时,他们就应该从委员会离职。现在看来,人民要求享有这样的权利本身无可厚非,但看过主张权利的过程中出现的混乱局面后,我们最好提醒自己一分为二地看待这个问题。那些为了让加拿大享有自由而和平请愿的人们确实值得我们永远铭记。但我们不要忘记,还有一些人打着爱国主义的旗号,却走在一条错误的道路上。为了解决所有的问题,他们愚蠢地诉诸暴力。在个别情况下,狂热的私欲和野心甚至迷了他们的心智。最终,他们犯下不可饶恕的错误,玷污了自己的双手。他们对手的某些观点和立场也不是完全不合情理或没有道理。对手中有很多人都是守护正义、热爱国家的栋梁之才,根本不是所谓的贪得无厌、中饱私囊之辈,他们留在世人记忆中的形象高大而光明。不过,上加拿大省确实有一些寡头成员保持着密切的关系,形成了一个排外的小圈子,因而被称为"家族同盟"。该称呼逐渐传到了其他省,用来指称那些处于同一阶层的人士。事实上,新不伦瑞克省的寡头统治情况似乎和五大湖区诸省份的情况没有多少差别。

第三节 下加拿大省的政治纷争

1812年战争爆发后,魁北克议会内部的纷争暂时搁置,但1814年最后一场战争酝酿的间隙,纷争再起。法裔加拿大人在沙托盖战役中获胜,这让众议院欢欣鼓舞,议员们投票通过了乔治·普雷沃斯特爵士提出嘉奖战争功臣的提议。之后,议员们又回到原来的老问题上来。詹姆斯·亨利·克雷格爵士担任总督期间,议员们遭受了许多不公正待遇,这是他们归罪于曾担任詹姆斯·亨利·克雷格爵士顾问、首席大法官休厄尔。他

第六章

们就休厄尔未经立法委员会授权便擅自改变庭审程序一事，弹劾了这位首席大法官。同一时期，议员们深恶痛绝的蒙特利尔大法官蒙克因涉腐而遭到弹劾。议会要求总督革除这两个"害群之马"的公职。不过，除非立法委员会一致同意弹劾他们，否则总督不会这么做，而立法委员会是绝不会弹劾他们的。

背靠大树可乘凉，大法官蒙克根本无视议会议员们的愤怒，继续我行我素。但首席法官休厄尔却前往英国，希望关于他的指控能够得到彻查，但指控他的人却没有出席。休厄尔在英国受到了热烈欢迎，他的这次到访具有历史性意义。他向殖民部大臣递交了一份关于英属北美殖民地的联盟计划，实施该计划既有利于缓解当前北美殖民地的矛盾，还能防止某些危险在未来上演。于是，1814年，成立联盟的伟大思想发酵了。该提议引起了王室的兴趣，但联盟的时机尚未成熟，还需要半个世纪的酝酿。但所有的事情，尤其是战争的结束，使休厄尔美好的愿望正在慢慢地变成现实。

魁北克的议会和执行委员会之间的纷争愈演愈烈，因为执行委员会的成员几乎全是英国人。下加拿大省中，英国人占总人口的比例本来就非常小，但更糟糕的是，这些英国人还时时处处高人一等，同时占据着政府部门几乎所有要职。他们一边牢牢地控制着既得的权力，一边视法国同胞为劣等人种。然而，种族歧视引发的纷争并不算严重，因为我们看到议会中的英国议员和法国议员正联手与总督及执行委员会做斗争。1809年，议会曾提议，政府官员的薪水由议会支付，以便让执行委员会依附于议会，但执行委员会断然地拒绝了该提议。但1816年，英国政府要求下加拿大省总督接受该提议。于是，议会将这笔费用做进了预算里，尽管数目已经大大增加。同时，议会拒绝向政府官员支付固定薪水。议会称，每年都要投票决定当年向政府官员支付薪水所需的金额，并保留核查各支付款项的权利。随后，这项工作进展得很顺利。不过，1819年需要支付的薪水从六万英镑增加到了七万六千英镑。议会立即提出异议。核减了部分款项后，议会通过了一份预算方案。但这份修改后的预算方案却被立法委员会否决了。事情再次陷入僵局。1820年，英王乔治三世驾崩，乔治四世继位。加拿大各省重新选举了议员，组建了新的议会。曾任新斯科舍副总督的达尔豪西伯爵赴魁北克任督军。

才华横溢的法裔加拿大演说家路易·帕皮诺[①]担任新成立的议会议长。路易·帕皮诺声名远播，是为法裔

[①] 路易·帕皮诺（Louis Papineau，1786—1871），19世纪30年代下加拿大省改革运动领导者，法裔加拿大人领袖。1812年战争期间，任加拿大民兵团军官。1815年起，他担任下加拿大省议会议长，开始领导议会中的改革派反对英国殖民当局的统治。——译者注

路易·帕皮诺。安东尼·普拉蒙东（Antoine Plamondon，约 1804—1895）绘

加拿大人争取民主的英雄。尽管与新督军生了嫌隙,路易·帕皮诺还是在欢迎新督军的致辞中说:"从加拿大成为大不列颠领地的那一天起,法律便取代了暴力;从那一天起,英国财政便开始对加拿大解囊相助;从那一天起,英国的陆海部队便开始担负保卫加拿大的使命;从那一天起,英国优越的法律制度便在加拿大推行,但加拿大自己的宗教、财产和适用法律并未受到任何影响。"但不久,路易·帕皮诺的态度就发生了改变。达尔豪西伯爵的一个决定成了双方冲突的导火索。他要求议会为政府官员增加一项固定性的拨款预算。议会拒绝了达尔豪西伯爵的要求后,他便擅自从国库中划走了一笔资金。我们知道,下加拿大省的财政收入的来源有三个。其一,依1774年的《固定性税收法案》对酒类和糖类等产品征税;其二,从矿山租赁中获得的临时性和从土地买卖中获得的土地性收入;其三,对进入该省的货物征收的关税。虽然议会宣称负责管理这些收入,但督军和执行委员会也可以支配前两项收入。当督军拨出一些资金用来支付政府运转的开销时,议会指出达尔豪西伯爵的行为是违法的。一部分英裔居民开始叫嚣废除法国法律,禁止在立法委员会上使用法语,于是情况就变得更糟了。这些极端人士宣称,只有消除"法国性",下加拿大省才是真正意义上的英国领地。

第六章

1822年,英国政府提出上加拿大和下加拿大两省合并的计划。计划规定,议会报告以后只使用英语一种语言,十五年的过渡期满后,议会辩论中也不得再使用法语。对此,法国人表达了强烈的不满,最终合并计划流产。即便这样,英国议会仍然保留着向殖民地征收税收的权力。为了增加收入和调节商业贸易,英国议会还通过了《加拿大贸易法》。在当时的下加拿大省,议会和立法委员会之间的冲突越来越激烈。议会修改了立法委员会提出的政府官员俸禄预算案,而立法委员会则否决了议会修改后的预算案;督军则仍在动用国库增加政府官员的俸禄预算。后来,执法委员会的地位因税收长官约翰·考德威尔爵士的做法失当而严重动摇了。约翰·考德威尔的税收长官一职由督军直接任命,但没有人为他的忠诚作保。王室也没有为他作保,因为王室只是在道德上对全省人民负责。最后,一笔九万六千英镑的政府资金进了约翰·考德威尔的个人腰包。接受审查时,他无法交待清楚这笔收入的来源。即便存在中饱私囊的劣迹,约翰·考德威尔还是保住了他在执法委员会的席位。不胜其愤的人们因此多了一件攻击督军和执行委员会的利器。达尔豪西伯爵见形势不妙,马上找借口离岗休息,临时接替他职位的是更擅长耍政治手腕的弗朗西斯·伯顿爵士。他立即同意议会提出管理固定税收收入的主张,渐渐地平息了民愤。然而，达尔豪西伯爵重返督军岗位后，更大的风暴再次爆发了。顽固的贵族们根本不考虑议会的主张，公然对法裔领导人路易·帕皮诺和英裔领导人沃夫雷德·纳尔森[①]表现出强烈的敌意。1827年，双方的斗争进入了新阶段。大选之后，达尔豪西伯爵拒绝接受路易·帕皮诺成为新议院议长的事实。群情激昂，所有议程暂时终止。愤怒的人们聚集到一起，各个城市举行了大规模的集会活动。表达民愤和要求召回达尔豪西伯爵的请愿书纷纷寄向英国。同时，英国政府不断接到来自上加拿大省的请愿书，其内容与下加拿大省的相同。于是，这件事情立刻引起了英国方面的重视。英国议会成立了加拿大委员会，专门负责调查此事。1828年，该委员会所做的调查报告在下加拿大省深得民心。报告主要内容如下：其一，1774年法案所规定的王室官员由议会监督，但议会要为王室官员保留一笔固定预算以支付其薪资；其二，法官不应在立法委员会占有席位；其三，主教不允许干涉政务；其四，税务长官应上交一定的保证金；其五，财务账目要由议会审计；其六，执行委员会和立法委员会应该增加成员数，增加的成员要能

[①] 沃夫雷德·纳尔森（Wolfred Nelson，1791—1863），19世纪30年代下加拿大省反对英国殖民当局统治的英裔加拿大改革派领导人。加拿大政治改革后，出任蒙特利尔市长（1854—1856）。——译者注

第六章

代表不同阶级的利益，但不担任政府部门的职务，两个委员会要保持相互独立。报告敦促上加拿大省和下加拿大省尽快采纳这些意见，而针对下加拿大省的特殊情况，报告特别强调要保证占人口大多数的法裔加拿大人能够享受公正的待遇。不久，不招人喜欢的达尔豪西伯爵被罢免，新督军詹姆斯·肯普特爵士承认了路易·帕皮诺议会议长的地位。骚乱再次平息了。

大不列颠的殖民地事务归殖民部管理，殖民部的工作由殖民大臣主持。因为殖民大臣的办公地点在唐宁街，所以各殖民地提到伦敦这条老街时，实际上指的就是殖民部。在加拿大政治斗争的过程中，殖民部一直比较倾向支持受人民拥护的改革党的主张。这是因为，无论在威斯敏斯特宫执政的是辉格党还是托利党，无论担任殖民部大臣的人是辉格党还是托利党，殖民部副大臣一直由史蒂芬斯先生担任。史蒂芬斯非常熟悉殖民地事务，主张用开放的态度看待殖民地政府自治这一问题。他的态度引起加拿大保守党（被对手称为"家族盟约托利党"）的强烈不满。

殖民部决定推行加拿大委员会提出的建议后，詹姆斯·肯普特立刻在下加拿大省实施了一系列改革措施。他将不少有影响力的法裔加拿大人召入执行委员会。然而，在临时性和土地性税收管理权问题上，詹姆斯·肯普特遵照唐宁街的指示，将管理权留给了王室。因为议会之前提出的要求总能得到满足，所以不断提出更高的要求。很快，议会就对詹姆斯·肯普特的做法表达了强烈的不满，纷争再次爆发。1830年，艾尔默爵士接替詹姆斯·肯普特爵士任督军时，议会又像以前一样不断发出激烈的反抗声。艾尔默爵士竭力安抚，但议会却要求必须掌握存在争议的税收管理权。然而，王室坚决不让步。于是，议会又要求立法委员会必须由选举产生。发现法裔议员控制政府各个部门的意图后，议会中的大多数英裔议员开始警觉起来。为了确保组织的安全，他们纷纷转投保守党。接下来的三年里，党派间的仇恨愈演愈烈。议会不同意再向王室拨款。因为临时性和土地性税收收入不够支付王室官员的俸禄，所以王室官员们领不到薪水。日常的立法工作停止了，议会已成了狂热幻想者实现其政治野心的工具，不停地号召议员们对政府投出不信任票。

毫无疑问，在法裔同胞们的仰慕和奉承中，路易·帕皮诺慢慢地膨胀起来。在煽动同胞的同时，他也变得狂热了，梦想着建立加拿大共和国。如果他要当上共和国的领袖，就得激起人民的热情和对他的感激。路易·帕皮诺太想复制乔治·华盛顿的成功了，但就算他穷尽其才，也比不上这位优秀的美国人的非凡智慧。路易·帕

第六章

皮诺忘记了从前他对王室效忠的宣誓，忘记了他对英国政府表达的感激之情，忘记了作为一名立法议员曾经立下的誓言。作为议会议长，他公然煽动大家谋反。他抨击君主制，颂扬共和制；他痛斥英国人为残暴的篡权者，号召同胞们将美国作为奋斗的榜样。虚荣和野心完全遮住了路易·帕皮诺的双眼。不久，他就做出了一件出格的事。于是，他被英国人称为"叛乱者"和"国贼"也就不足为怪了。最后，议会将所有的冤苦和不满写入一份声明，史称"九十四条决议"。众议院议长发表了一番长篇大论后，这份著名的决议获得通过，随后便呈给了英王和英国议会。这些决议完全考虑法裔加拿大人的利益，揭露下加拿大省保守党的暴虐、欺诈和腐败行为。决议提出了所有土地和财政收入由议会完全控制的要求，提出了英国将省级政府的管理权交给法裔加拿大人的要求。决议还向英国暗示，如果这些要求得不到满足，下加拿大省有可能会发生叛乱。针对众议院的这些决议，下加拿大省的保守党也向英国政府递交了一份声明，从他们的角度汇报了情况，表明了立场。英国政府并没有把路易·帕皮诺的威胁太当回事，而是采用安抚策略。1835 年，戈斯福德爵士[①]赴下加拿大任总督和调查委员

---

① 戈斯福德爵士（Lord Gosford，1776—1849），英国政治家，曾任下加拿大副总督和加拿大督军（1835—1837）。——译者注

会主席。调查委员会开展工作时，民愤也越来越强烈，因为戈斯福德爵士既不同意上议院由选举产生，也不同意为人民负责的执行委员会由选举产生。导火索里已填满火药，点燃它的火花就要来临了。

第七章
CHAPTER

第一节 上加拿大省的政治斗争

与下加拿大省的情况类似,上加拿大省的政治纷争也从未停止过,尽管没有那么激烈。权力向家族盟约托利党①集中。这个小小的寡头集团不仅控制着所有的政府部门,还控制着整个上加拿大省的地产交易和商业贸易。它掌握着官职任命权,它的支持者都能当选为议会议员。于是,那些不安分的人就乖乖地听话了。言论自由受到限制,人民因不满政府而递交的请愿或声明遭到驳回;政治集会被禁止,底层人民很难接受教育。种种倒行逆施都源自恐惧:害怕1776年事件再次上演。保守党称,如果不采取措施,共和主义思潮就会形成。因

---
① 也就是保守党。以下称"保守党"。——译者注

此，其目标很坚定，就是要根除效忠派移民占多数的上加拿大省内的共和主义思想。毫无疑问，在很多情况下，这种态度造成了保守党的自私与傲慢。不过，退一步讲，保守党的行为情有可原。首先，当时，在整个世界范围内，人民拥有自由的权利刚刚开始得到承认，而相较之下，加拿大的寡头统治思想还有点儿落伍。其次，保守党是由效忠派移民或其后裔组成的。当初，为了保卫王权，他们不惜抛头颅洒热血。因此，保守党自然会认为最有资格去行使王权，从而获取丰厚的回报。保守党为其行为辩护的主要理由是：上加拿大省优惠的土地使用政策吸引了大批崇尚共和主义思想的美国移民。他们喜欢发表激烈的言论，图谋加拿大并入美国。1812年到1814年战争的艰难岁月里，这些美国移民曾是加拿大的心腹之患。战争结束后，美国移民越来越多。在那些无偿付出财富和鲜血才换来今日之加拿大的人看来，目前的政府再合适不过了，不效忠王室之人、外来移民就应该游离在政权之外。保守党认为，治理好上加拿大省，单靠它就够了。对这种态度，我们不必太过苛责。

就这样，上加拿大省许多美国移民的不满情绪开始慢慢地累积。同是大英帝国的子民，效忠派移民能享受责任政府的福利，他们美国移民却不能。不久，美国移民就向保守党发难了。在那些争取平等权利和要求实行

第七章

代议政府的勇士中,实际上有些人本就是效忠派移民的后裔。无论是智力上,还是文化上,他们一点儿也不逊于保守党人士。于是,他们慢慢成了改革派的核心力量。他们努力安抚党派中较为狂热的幻想分子。人们最早怨声载道的是《教士保留用地法案》。该法案规定,上下加拿大两省要留出大量土地,分给"加拿大的新教徒",这引起下加拿大人的反感。他们认为,这是对罗马天主教会的歧视。但实际上,其他方面的问题更严重。而上加拿大人的抱怨完全是另一番景象。首先,上加拿大人认为保留地过多,居然和下加拿大一样达到了两百五十万英亩。其次,保留地由保守党管理,而"新教"被解释为专指英国国教,偶尔也可扩大指苏格兰国教。这样的解释自然会激起卫理公会和浸礼会的愤怒。再次,保留地并不是一片土地,而是由每个城镇拿出七分之一的土地组成。这些保留地一直荒着,被四周已经开垦的庄稼地包围。上加拿大人对生活区内仍保留着这样的荒地忍无可忍。立宪斗争快要结束时,保留地问题也没解决。一直到1836年,在四十四名教区主教出资捐助的情况下,执行委员会才在上加拿大修建了一所教堂。

苏格兰人罗伯特·古尔利[①]激起了改革党与保守党

[①] 罗伯特·古尔利(Robert Gourlay,1778—1863),苏格兰裔加拿大作家、农学家、政治改革家。——译者注

之间的冲突。罗伯特·古尔利精力充沛，但性情有点儿古怪。1817年，他来到加拿大，从事土地管理工作。他对上加拿大省的政治制度非常不满，于是就向每个城镇发出包含三十一个问题的调查问卷，深入调查地方官员滥用职权的现象。问卷最后的问题——"您认为是什么阻碍了您所在城镇的发展或全省的发展？您能做些什么来改进这种状况？"——最关键。随着调查问卷的推出，民愤演化成了社会危机。于是，讨论会举行了，罗伯特·古尔利建议向殖民部控诉地方官员的恶行。这样一来，保守党紧张起来了，就通过立法委员会出台了一项禁止所有集会的法令。现在看来，这种独裁性的禁令简直不可思议，但七十五年前的加拿大恰恰就颁布了这种禁令，而且加拿大人默默地承受了。之后，保守党决定将喜欢提问题的讨厌鬼罗伯特·古尔利驱逐出境。罗伯特·古尔利先是因诽谤罪在金斯敦受审，后被无罪释放。接着，他又被捕，在布罗克维尔受审，之后无罪释放。不久，他再次被捕，罪名是涉嫌煽动暴乱。官方公然违反司法原则，将他关在监狱七个月，迟迟不审判。最终，1819年，他在尼亚加拉受审。尼亚加拉人全部支持家族盟约帮。倒霉的罗伯特·古尔利蒙冤入狱后，身心俱已崩溃，还得接受带有偏见的法官和陪审团的审判。这次审判是对正义的嘲弄。罗伯特·古尔利被判煽动叛乱罪，最终被逐出了上加拿大。不过,他的遭遇却让加拿大人看清了保守党的真面目。从此,保守党走向了穷途末路,而改革党的呼声方兴未艾,加拿大人终于等到了责任政府的建立。

保守党中有两位杰出的领袖:效忠派律师约翰·贝弗利·罗宾逊[①]和苏格兰圣公会神父约翰·斯特罗恩[②]。约翰·贝弗利·罗罗宾逊二十一岁时就任上加拿大总检察官,之后又任首席法官,获封准男爵,是托利党的杰出代表。无论面对敌人的枪口还是暴徒的叫嚣,约翰·贝弗利·罗宾逊都镇定自若。他性格坚毅、能力非凡,但固执己见、妄自尊大。他坚信,只有保守党才配拥有统治上加拿大的神圣权力。约翰·斯特罗恩是后来的多伦多市的首任主教。1815年,担任约克教区主教时,他被召入执行委员会。他不仅坚定地拥护保守党,视民主思想为异教邪说,而且工于心计。他是保守党的高参,总能想出置改革党于死地的办法。

上加拿大省的改革党力量比下加拿大省发展得慢很多,直到1824年,改革党才获得了议会的多数席位,

[①] 约翰·贝弗利·罗宾逊(John Beverley Robinson, 1821—1896),加拿大律师、商人、政治家,曾任多伦多市市长、联邦议会议员和安大略省第五任副总督(1880—1887)。——译者注
[②] 约翰·斯特罗恩(John Strachan, 1778—1867),多伦多市首任圣公会主教。任上加拿大教育官员期间,在他的推动下,多伦多大学建立。——译者注

从而可与总督和执行委员会抗衡。这一年，一个富有激情的苏格兰年轻人创办了一份报纸《殖民拥护者》，专为改革运动摇旗呐喊。他就是四年前来到加拿大的威廉·莱昂·麦肯齐[①]。他经常在报纸上撰文严厉抨击保守党，彻底曝光保守党滥用职权的行为。总督、立法委员会及执行委员会对胆大包天的威廉·莱昂·麦肯齐恨之入骨。不过，《殖民拥护者》是非营利性报纸，创办近两周年时，威廉·莱昂·麦肯齐遇上了麻烦。就要停办的关头，保守党做了一件蠢事，《殖民拥护者》有了转机（1826）。一群年轻的保守党人闯进了威廉·莱昂·麦肯齐的办公室，毁坏了印刷设备，将印刷品扔进了湖里。很快，这些暴徒就受到了法庭审判，被处罚金三千美元，赔偿威廉·莱昂·麦肯齐。于是，在得到这笔钱后，囊中羞涩的威廉·莱昂·麦肯齐可以继续他的事业了。

上加拿大省还发生了一些别的事情，激起了民愤。有人竟然暗中监视和迫害议会中的反对派人士。马修斯是一位领半薪的英国舰长。一天晚饭后，他叫来几名美国流浪艺人，请他们唱了几首美国歌曲。结果，他被人

[①] 威廉·莱昂·麦肯齐（William Lyon Mackenzie, 1795—1861），苏格兰裔加拿大记者、政治家、多伦多首任市长。1824年到1834年，他在多伦多经营报纸《殖民拥护者》，反对家族盟约托利党的寡头统治。——译者注

第七章

告到了政府。最后，他被罚没了俸禄，罪名是对英国不忠。威利斯是来自英国的大法官。面对保守党干预司法的做法，他提出了批评，没想到激怒了保守党。最后，他被撤了职。弗西斯是尼亚加拉瀑布附近一家旅店的老板。他十分贪婪。在自己的地皮上，他竖起了高高的栅栏，挡住了游客观赏大瀑布的视线。游客要想看瀑布美景的话，必须到他的旅店里来。总督梅特兰命令弗西斯拆掉栅栏，但他根本不理睬。至此，错全在弗西斯。然而，飞扬跋扈的总督头脑一热，就犯了罪，而贪婪的旅店老板也尝到了苦果。一队士兵推倒了栅栏，毁了弗西斯的旅店，并将建筑材料扔进了瀑布。议会负责调查这起暴力犯罪，传唤某些政府官员到众议院受询。但在梅特兰的唆使下，这些官员拒不接受传唤。于是，议会下令抓了他们，并把他们投进了监狱。梅特兰一气之下解散了议会。一场愤怒的风暴来临了，殖民部很快就罢免了梅特兰的总督之职（1828）。随后，约翰·科尔本[①]爵士继任总督。然而，该变化于事无补，冲突依然存在。改革党利用所办报纸一如既往地狠批官员的行为，而他们也因此不停地被罚款甚至监禁。副检察长伯尔顿是保

[①] 约翰·科尔本（John Colborne，1778—1863），英国军官、殖民地官员，1828 年任上加拿大总督；1836 年任英属北美地区陆海军总司令；1837 年镇压改革派领导的叛乱。——译者注

守党的领导人之一。接到议会委员会的传唤时，他拒绝提供证据。这种公然的不合作态度气坏了议长马歇尔·比德韦尔。马歇尔·比德韦尔将伯尔顿召到议院，严厉地训斥了他。

就在这一时期，改革党内部分化成两个阵营。议长马歇尔·比德韦尔、罗伯特·鲍德温和卫理公会效忠派人士埃杰顿·赖尔森同属一派，他们地位高贵、精明、忠诚，无法容忍威廉·莱昂·麦肯齐那一派的极端。随着改革党的分裂，在1830年的议会选举中，保守党赢得了多数席位。保守党趁机操纵议会通过了著名的《永久性薪酬法案》。于是，公务人员的薪水有了稳定的保障，他们更加独立于议会了。当选为约克市议员的威廉·莱昂·麦肯齐强烈地抨击《永久性薪酬法案》。虽然保守党人多势众，但盛怒之下，仍然无法在辩论中击败他，于是就把他逐出了议会。热情的选民们一而再、再而三地选他为议员，可结果是，他因意见和议会的多数派相左而不断被逐出议会。于是，威廉·莱昂·麦肯齐去英国申诉。殖民部大臣宣称，驱逐他的行为是非法的。即便这样，议会依然固执己见，无视来自英国的意见，拒不承认威廉·莱昂·麦肯齐的议员身份，而威廉·莱昂·麦肯齐却成了偶像，受到某些阶层的疯狂崇拜，就像下加拿大的路易·帕皮诺一样。1834年，约克和周边其他地

约翰·科尔本。乔治·西奥多·伯松(George Théodore Berthon, 1806—1892)绘

方合并，恢复其旧名"多伦多"。威廉·莱昂·麦肯齐当选为多伦多首任市长。同年，他收到一封来自英国激进分子休谟的信，之后改革党中的温和派和极端派的矛盾激化了。在信中谈到加拿大的未来走向时，休谟称："最终摆脱母国政府的操纵，实现独立，获取自由。"因为威廉·莱昂·麦肯齐没有否认这种观点，所以他遭到改革党中效忠派埃杰顿·赖尔森等人的排斥。然而，尽管改革党内部存在分歧，但在新一届议会选举中还是击败了保守党获得了多数席位。1835年，马歇尔·比德韦尔再次当选为议长，威廉·莱昂·麦肯齐被任命为"民情调查特别委员会"主席。民情调查特别委员会的调查报告让殖民部了解到上加拿大的真实情况。约翰·科尔本被召回英国，但卸任前，他在教士保留地中建起前文提到的四十四个教区，公然挑衅民意。他原本打算建五十六个，但拿到土地开发证之前，议会就获悉了他被召回英国的消息。于是，议长及时叫停了他的计划。

为了保护人民的权利，殖民部开始全力限制保守党实施暴政；为了安抚改革党，在不削弱王权的前提下，尽量满足改革党的要求。英国政府最不愿意妥协的一点就是由执行委员会对人民负责。在英国，人们还保持着这样的观点——殖民地人民只有从属身份，其地位应该比英国本土人低。英国的执行委员会对英国人民负责，

第七章

这没有问题，但让殖民地的选民像英国人一样控制自己的执行委员会则不妥，因为这样一来，殖民地居民和英国本土居民就没有差别了。英国王室担心，如果殖民地完全自治，就会变得独立，学习美国，慢慢地不再忠于王室了。因此，英国政府陷入左右为难的境地，虽然真心希望殖民地拥有美好的未来，但又真的不理解殖民地人民的真实要求。现在，上加拿大需要一位谨慎、老练的总督来化解对立党派之间的矛盾，最终解决问题。但唐宁街[①]派来的不是这样的总督，而是极自信、特鲁莽、很愚蠢的弗朗西斯·邦德·黑德[②]爵士。

弗朗西斯·邦德·黑德一上任，就立即将三位有影响的改革党人士召入执行委员会，但同时要求他们不必对人民负责，只对他负责即可；他还称自己不会事事都征求他们的意见，只有他觉得有必要时才会这样做。听到如此极端专制的言论后，三位改革党人士立即选择了辞职。弗朗西斯·邦德·黑德勃然大怒，转而与保守党联手，一个成员尽为托利党的新执行委员会随之诞生。议会通过了一项不信任总督的决议案，下加拿大这一司空见惯的做法在上加拿大第一次发生，议会拒绝再承担

[①] 唐宁街是英国首相官邸的所在地，这里代指英国政府。——译者注
[②] 弗朗西斯·邦德·黑德（Francis Bond Head，1793—1875），英国军官。1837年上加拿大发生叛乱时，他被任命为上加拿大总督。——译者注

王室官员的俸禄。两省的改革党同病相怜，为了共同目标紧紧地团结起来了。路易·帕皮诺给马歇尔·比德韦尔写信称，英属北美各省的改革党人士应该众志成城，为实现自治政府而战。弗朗西斯·邦德·黑德称他们追求共和，于是便解散了议会。议会进行了重新选举，弗朗西斯·邦德·黑德站在演讲台上，像狂热的信徒一样发表了慷慨激昂的演说。他声称这是一场保卫王权、防止加拿大脱英的"战争"。他的大声疾呼立刻引起了效忠派人士的共鸣。虽然加拿大人痛恨保守党的暴虐统治，但他们宁愿选择默默忍受，也不愿背负不忠和背叛的骂名。新的众议院中，大多数议员都支持保守党，而威廉·莱昂·麦肯齐、马歇尔·比德韦尔和其他改革党人士则没有当选议员。威廉·莱昂·麦肯齐彻底被激怒了，加之其他人煽风点火，于是，冲动之下，他向路易·帕皮诺伸出双手，准备联合发动叛乱了。

第二节 新斯科舍省的政治斗争

与上加拿大省相比，新斯科舍和新不伦瑞克两省争取代议制政府的斗争要温和得多，冲突慢慢达到了顶峰。保守党和改革党之间的分歧相对简单，他们之间不存在民族矛盾，社会阶层的划分也没有明显的优劣之别。随

弗朗西斯·邦德·黑德。尼尔森·库克（Nelson Cook，1808—1892）绘

着战争[①]的结束，停泊在新斯科舍的战舰开走了，驻军大幅减少了，因此贸易很快进入了衰退期，其中，哈利法克斯的情况尤为严重。海军基地从哈利法克斯转移到百慕大后，这里的人口急剧减少，数百名工人只能靠穷人救助会的接济过活。五年来，新斯科舍人一刻也没得闲，团结一心，为经济发展奉献力量。他们无暇关注政治，真正能引起他们兴趣的是，报纸上刊登的有关省里农业发展情况的文章。一位笔名为"阿格里科拉"[②]的作者写了一系列有关农业发展的文章。在这种背景下，农业协会成立了，达尔豪西伯爵任会长，真面目不为百姓所知的阿格里科拉任秘书。教育也是人们普遍关心的一个话题。教区制学校开始运营。1821年，达尔豪西大学建立了。建校资金来自前文提过的卡斯汀基金会。后来，虽然达尔豪西伯爵在下加拿大的名声不太好，但在新斯科舍省时却颇受欢迎。他当政时，即将到来的政争已显端倪。议会对兼任执行委员会委员的税务长官提出了几项指控，这令达尔豪西伯爵义愤填膺。

尽管新斯科舍省的保守党实行寡头政治，控制了所有部门的权力，对人民极不负责任，但人民还是迟迟没

[①] 指1812年战争。——译者注
[②] 阿格里科拉是一位苏格兰人约翰·扬的笔名。约翰·扬进入新斯科舍省议会，成为政界的知名人士。——原注

有起来反抗。王室官员的地位很难撼动。执行委员会和立法委员会不分彼此,它们都闭门办公,根本不倾听民意,甚至无视议会的存在。民愤固然存在,但当时的总督詹姆斯·肯普特确实全力推进新斯科舍省各项事业的发展。他改善了旧有道路状况,开通了许多新的交通路线。1827年,在他的大力支持下,舒伯纳卡迪亚运河动工。舒伯纳卡迪亚运河建成后,哈利法克斯港和芬迪湾连通了。这不仅满足了哈利法克斯商业发展的需要,还服务了新斯科舍省的经济发展。总之,除非不得不解决一些迫在眉睫的问题,或者一位英明的领袖振臂一呼,否则新斯科舍人不会反对保守党的统治。

1830年,随着税收争议的出现,斗争似乎已经开始。数年前,议会通过一项向每加仑白兰地征收一先令四便士的税的决议,但后来却发现实际征税每加仑一先令。议会提出抗议,要求税务官全额征税。但执行委员会却不同意,因为征过高的税会引起其支持者——白兰地的主要消费者——的不满。因为双方都不愿意让步,所以白兰地征税事宜搁置了一年。哈利法克斯的百姓喝到了比较便宜的白兰地,而省财政却少了近两万五千英镑的收入。不久,议会换届,新一届议会比上一届议会的态度更强硬。最终,虽然执行委员会不满,但还是同意了全额征税。

接着，哈利法克斯的管理也出现了问题。一直以来，哈利法克斯由行政、司法长官管理，他们为保守党的利益服务。于是，滥用公权、贪污腐败、忽视民需等现象层出不穷。新斯科舍省出了一位为民请命的勇士——约瑟夫·豪[①]。1804年，约瑟夫·豪生于哈利法克斯附近的一个效忠派家庭。他是哈利法克斯一家报纸《新斯科舍人》的编辑。1835年，一位匿名记者在《新斯科舍人》上发专栏文章攻击行政、司法长官，指控他们每年贪污市财政四千美元。这一大胆的举动让约瑟夫·豪引火烧身，其直接结果就是保守党用惯用的"武器"——以诽谤罪起诉了约瑟夫·豪。约瑟夫·豪对自己的雄辩能力和案情走向非常自信。在陪审团面前，他为自己辩护了整整六个小时。约瑟夫·豪的对手是口才过人的亚当·乔治·阿奇博尔德[②]。当时，他担任新斯科舍省总检察长。虽然他义正言辞地指控约瑟夫·豪，但约瑟夫·豪还是无罪释放了。为了纪念约瑟夫·豪的胜利，狂热的市民还特设了一个节日。

与下加拿大的路易·帕皮诺以及上加拿大的威廉·莱

[①] 约瑟夫·豪（Joseph Howe，1804—1873），新斯科舍记者、诗人、政治家，受新斯科舍人拥戴的公仆，曾极力反对组建加拿大联邦政府。——译者注
[②] 亚当·乔治·阿奇博尔德（Adams George Archibald，1814—1892），加拿大律师、政治家、联邦创始人之一。阿奇博尔德的从政生涯主要在新斯科舍省度过，也曾担任曼尼托巴省总督（1870—1872）。——译者注

19 世纪 20 年代的哈利法克斯。绘者信息不详

昂·麦肯齐一样，约瑟夫·豪也成了新斯科舍百姓的偶像。然而，约瑟夫·豪与他们有很大的不同。他生性急躁，斗争时无所畏惧，不屈不挠，但对王室的忠诚毋庸置疑。他只想通过符合宪法的手段来争取权利，反对采取极端行为。他认为，极端行为荒唐至极。他的口才与魅力，如微风拂面一般，总能迅速俘获听众的心。此外，他还是一位幽默大师，与狂妄鲁莽的威廉·莱昂·麦肯齐和路易·帕皮诺分属不同的"世界"。虽然他深受拥戴，但从未想过要背叛英国，从未想过在塞贝尔岛和诺思岛之间建一个共和国。他领导人民争取权利，但没有被人民引到错误的道路上。

约瑟夫·豪进入议会后，立即着手改革。他有多名年轻有为的助手，如约翰·扬、亨廷顿和劳伦斯·奥康纳·多伊尔。他首先向闭门办公的执行委员会开刀，指责执行委员会处理公务时徇私，但执行委员会置若罔闻。于是，议会通过了十二项决议，谴责执行委员会的组织问题和程序问题、只维护私利而忽视公共利益。这立刻引起一场轩然大波。不过，机警的约瑟夫·豪马上撤销了决议，平息了纷争。他说，促使民众觉醒的目的已经达到。其实，约瑟夫·豪的最终目的是向王室请愿，请求王室来调解官民矛盾。后来，约瑟夫·豪的目的达到了，尽管不是完胜。1837年，随着维多利亚女王的介入，各

第七章

地重新举行大选。之后,哈利法克斯成立了新议会。维多利亚女王向威斯敏斯特宫派出的总督下达了新指令:执行委员会要开门办公;立法委员会和执行委员会必须分开;大法官和主教严禁入选任何委员会;除临时性和土地性税收外,其他税收的控制权交由议会;执行委员会的成员应该来自两个议院。然而,实际执行时出现了问题,因此,王室的让步并没起多大作用。这个时期,稳重的科林·坎贝尔[①]爵士担任新斯科舍总督。他以诚待人,不仅赢得了朋友的尊敬,还赢得了敌人的尊敬,但他坚决反对赋予人民更多的权利。科林·坎贝尔确实将众议院的一些议员召入了执行委员会,但这些议员都是保守党的拥护者。掌管海关税收的议会不愿再为王室官员的长期年俸拨款,而想用每年通过一次拨款预算的方式支付王室官员的薪水,并且宣称在省财政捉襟见肘的情况下,王室官员的薪水过高。最后,双方都派了代表团前往伦敦,在中央政府面前各抒己见。但改革党这次几乎没有什么收获。面对改革党的两项主张——上议院应该由选举产生以及执行委员会要对人民负责,唐宁街不置可否。一段时间里,在新斯科舍省,很少有人再提及改革党的两项主张。虽然约瑟夫·豪和他的追随者

---

① 科林·坎贝尔(Colin Campbell,1776—1847),英国军官、殖民地总督。他生于军人世家。——译者注

坚决反对上下加拿大两省那种疯狂的叛乱行为，但保守党还是给改革党贴上了共和主义和叛国者的标签。然而，双方都呼吁沿海各省的百姓应该绝对忠于王室，也都试图在忠于王室方面抓住对手的把柄。后来，虽然党派之间的斗争慢慢出现了缓和的迹象，但在责任政府最终建立之前，双方还须再忍受十年的纷争岁月。

第三节 新不伦瑞克省的政治斗争和问题

正如前文讲到的，新不伦瑞克省的议会与执行委员会之间的矛盾早已有之。我们发现，18世纪末，双方因税收权力的归属问题已经爆发了斗争，之后斗争陷入僵局。虽然斗争不算太激烈，但在之后的日子里却不断上演，直到1818年总督特雷西·斯迈思一怒之下解散了众议院议会。同时期，所有不安分的省喧闹中轮番上演着争吵和调解，这里不再赘述。然而，1824年，霍华德·道格拉斯①爵士担任总督后，新不伦瑞克省的气氛变得亲切友好起来了。改革党、保守党与爱国总督团结一心，共同致力于全省的发展。这时，新不伦瑞克总人口接近七万五千，伐木业和造船业是经济支柱，农业基

---

① 霍华德·道格拉斯（Howard Douglas，1776—1861），英国军官、作家、殖民地官员，1823年到1831年任新不伦瑞克省总督。——译者注

科林·坎贝尔。威廉·索尔特
(William Salter,1804—1875)绘

础极其薄弱。霍华德·道格拉斯认为，木材贸易迟早会衰落，于是他试图将人们的注意力转向更为可靠的农业生产上。为了发展经济，他开始建新道路，同时改造旧道路。在那个时代里，总督的主要工作就是交通建设。同时，霍华德·道格拉斯也非常关心教育。在他的大力倡导下，弗雷德里克顿建起新斯科舍省一样的国王学院，也就是现在新不伦瑞克大学的前身。

霍华德·道格拉斯爵士任总督的第二年，新不伦瑞克省遭遇了一场史称"米拉米奇森林大火"（Miramichi Fire）的特大灾难，现在的内陆地区仍留有大片的火烧遗迹。1825年夏，美洲北部高温干旱，连续数月滴雨未下。整个9月，面对森林大火的威胁，新不伦瑞克城市和乡村的人们一直提心吊胆地生活。弗雷德里克顿的空气中弥漫着浓浓的烟味。9月底，一大片火焰穿过冷杉丛蔓延到了市郊，政府大楼也被火海吞噬了。10月，纳什瓦克河上游的森林爆发了大火，干枯的树木成了绝好的燃料。在狂风的帮助下，巨大的火焰席卷了米拉米奇河到沙勒尔湾沿岸，这片地区堪称新不伦瑞克省的心脏地带。受灾最严重的是米拉米奇河北岸纽卡斯尔镇和道格拉斯镇的居民。灾难发生在10月7日。闷热有毒的空气和面对即将到来的灾难时的恐惧，让镇上的人们身心俱疲。牲口因惊吓而本能地挤到了一起，林中的野兽恐慌地逃

第七章

了出来，到林外的空地上避难。日落时分，一阵夹杂着火焰的狂风呼啸而来，西边黑暗的天空中突然出现一片火红的光亮，光亮不断蔓延开来。不久，狂风更加猛烈地刮了起来，火焰从远处地平线的边缘突然升腾而起。之后，阵阵可怕的咆哮声便传来了。人们不寒而栗。灼热的灰渣和燃烧的树枝从天而降，整个天空突然变成了一张巨大的火毯。惊恐的人们拖着家里的老弱病残疯狂地逃到溪边避难。一些人或乘着小船、驳船、木筏，或趴在圆木上，不顾风吹浪打，躲进了宽阔的米拉米奇河里。另外一些人蹲在近岸的河水中，周围是一群惊恐的动物，有狼、熊、鹿、马、牛……场面混乱不堪。许多船来不及解开索具就被凶猛的大火吞噬了。米拉米奇居住地的所有房屋在一个小时内全部化为灰烬，有几百栋建筑的繁荣小镇纽卡斯尔也成了一片废墟。当晚，米拉米奇地区就有一百六十人遇难，有些是被大火烧死的，有些是在河中避难时被大浪吞没的。而散居在内陆地区的拓荒家庭和伐木工人，面对着蔓延近六千平方英里的火海，几乎无处可逃。少数碰巧在湖边或河边的人跳到水里，幸存了下来。火势凶猛，热浪翻滚，数以千计游弋在浅水区的鱼都被烧死了，被大风卷起的河水冲刷到岸边或抛向空中。凶猛的大火将土壤中所有植物的根茎都毁掉了。时至今日，大火侵袭过的广大地区除了可以看到矮小的灌木外，几乎寸草不生。整个新不伦瑞克省因大火造成的财物损失总计约二十二万八千英镑，木材损失约为五十万英镑。米拉米奇地区被烧毁的建筑共计五百九十五处，被烧死的牛马等牲畜共计八百七十五头。其他各省、英国和美国都向灾区人民伸出了援手。最后，募集救济款共计约四万英镑。这场大火同时还袭击了新不伦瑞克省的东部地区，弗雷德里克顿也未能幸免，大火烧毁了八十九处建筑。大火烧到奥罗莫克托村，二十处建筑化为灰烬。

这场大灾过后不久，缅因和新不伦瑞克之间的边界纠纷酿成了危机，形势再次变得紧张起来。但我们暂时先不提这一危机。在后面章节，谈到存在争议的领土问题时，我们再详细讲述。苦难和危险让各阶层的人民更紧密地团结起来了，党派之争渐渐平息了。1830年，新不伦瑞克的贸易遭受了一次沉重的打击。英国西印度公司对全球贸易实行了免税政策，来自美国的竞争使新不伦瑞克的捕鱼业和伐木业的利润大幅下降，当然新斯科舍省同样受到了冲击。接着，一条造成恐慌的消息传来了，差点儿激起效忠派人士的反抗。有人建议大不列颠取消进口波罗的海木材的关税。当时的情况是，英国对进口其他国家的木材征收了较高的关税，从而保护了殖民地木材行业的利益。因此，取消这种保护意味着新

第七章

不伦瑞克省赖以生存的木材贸易业将受到严重冲击。新不伦瑞克人向英国政府递交的请愿书中充满了愤怒和哀怨。幸运的是,各方面能力都很出众的霍华德·道格拉斯爵士当时正在英国向王室汇报新不伦瑞克与缅因之间的边境争议问题。他发表了一份声明,强烈反对废除关税。最终,英国议会否决了废除关税的提案。新不伦瑞克人对霍华德·道格拉斯爵士满怀感激之情,为他准备了接风晚宴,但霍华德·道格拉斯爵士最终没有回到让他无限光荣的岗位上。为了维护新不伦瑞克人民的利益,他和英国政府唱起了反调,所以注定会辞职。继任者是阿奇博尔德·坎贝尔[①]爵士,他是一名固执的将军,时刻维护王室和他的权威。再愚钝的人都能猜到,过去几年稳定的政治局面很快就要画上句号了。

议会选出了一位优秀的领导人,他注定会在新不伦瑞克做一番大事,就像约瑟夫·豪在新斯科舍所做的那样。他就是莱缪尔·艾伦·威尔莫特。莱缪尔·艾伦·威尔莫特生于效忠派家庭,后成为一名擅长雄辩的律师。虽然他没有约瑟夫·豪那样的魅力和幽默,但也是令人刮目相看的翘楚。莱缪尔·艾伦·威尔莫特是议会事务的大咖和辩论的行家里手。众议院的改革党提出政治主

[①] 阿奇博尔德·坎贝尔(Archibald Campbell,1769—1843),英国军官,1831年至1837年任新不伦瑞克省总督。——译者注

张后，第一场胜利就是成功地使执行委员会与立法委员会分了家。众议院的改革党的目的是，使众议院议员也能和上议院议员一样进入执行委员会。虽然众议院的改革党的目的名义上实现了，但总督阿奇博尔德·坎贝尔爵士却不召众议院议员进入执行委员会，保守党依然牢牢地掌握着执行委员会的实权。随后，改革党又将斗争指向了皇家土地管理部门。民愤主要集中在滥用土地管理权方面。首席专员垄断了该部门的权力。他的薪水高得吓人。他用权力讨好伐木业富商和保守党其他成员，毫不在乎议会的谴责。皇家土地管理部门的收入来源就是那些我们再熟悉不过的临时性和土地性税收，这些收入不在议会的支配范围内，全用来支付王室官员的年俸。这就使公职官员可以堂而皇之地不为他们应该服务的人民去负责。议会要求说明临时性和土地性税收的使用情况。但对改革党及其主张完全不感兴趣的霍华德·道格拉斯爵士断然拒绝了议会的要求。

面对阿奇博尔德·坎贝尔爵士的做法，议会的回应是派代表前往伦敦，请求王室将存在争议的税收权交给人民代表。代表们受到了盛情款待，但他们的任务却未能完成。遭遇这次失败后，议会斗争的决心反而更加坚定了，而皇家土地管理部门滥用职权的行为越来越无度了。1836年，议会通过一项决议，要求总督详细说明上一年政府出让和销售土地的情况。但固执的霍华德·道格拉斯爵士无视来自伦敦的命令，拒绝向众议院做出任何说明。莱缪尔·艾伦·威尔莫特和威廉·克莱恩随即被派往英国递交新的请愿书。在开明的英王威廉四世和殖民部大臣们看来，议会掌管所有财政收入的要求合情合理。于是，他们的请愿被批准，议会被授权全面掌管涉及争议的税收收入，但前提是议会要为总督和王室官员的固定性工资拨付款项。王室还建议要选拔众议院议员进入执行委员会，要求总督和执行委员会在每届议会会议上向众议院详细说明皇家土地管理部门的收支情况。

议会取得了压倒性的胜利，但阿奇博尔德·坎贝尔爵士却竭力阻止王室的承诺付诸实施。他派保守党中最有影响力的乔治·斯特里特前往伦敦，请求王室批准他们在管理上维持原状。但威廉·克莱恩和莱缪尔·艾伦·威尔莫特挫败了斯特里特所做的努力。随后，毫不妥协的阿奇博尔德·坎贝尔爵士拒绝向改革党低头，毅然辞职。1837年，斯托尼溪战役中的英雄约翰·哈维爵士继任总督。在约翰·哈维爵士的英明治理下，《王室年俸法案》通过了，新不伦瑞克省的政治斗争终于画上了句号。议会对殖民部大臣格莱内尔格男爵[①]所做的努力深表感激，画了他的一幅全身画像，悬挂在议长座位的上方。格莱内尔格男爵力促《王室年俸法案》通过，他的本意是将这一做法推广到殖民地的各省，希望这能够成为构建新宪制的基础，尽早结束殖民地的混乱局面。但上加拿大省反对新不伦瑞克省的这种做法，格莱内尔格男爵的计划最终搁浅。

第四节 布雷顿岛、爱德华王子岛和纽芬兰

布雷顿岛这个小省的人口增长非常缓慢。单独作为一个省时，谈不上有什么政治问题。一直以来，悉尼和法裔居住地阿里沙特都是人口最密集的地区。政务由总督和执行委员会负责。在悉尼，官员占了总人口的一多半。布雷顿岛不像其他省，这里根本就没有人要求实行自由代议制政府。然而，为了向其他省看齐，许多坐受安逸的官员们竟然搞得公务缠身的样子。官员们很早就注意到布雷顿岛蕴藏着丰富的煤炭资源。政府以"矿区使用费"的名头向各煤矿征税。矿区使用费就是对采自

[①] 即查理·格兰特（Charles Grant，1783—1866），英国政治家，1835年至1839年任英国战争部及殖民部大臣。——译者注

格莱内尔格男爵。亨利·佩罗内·布里格斯（Henry Perronet Briggs，1793—1844）绘

矿山的每吨或每查尔特隆①煤所征收的固定税金。很快，一种新型的偷税逃税行为流行起来。因为很多煤矿的矿层就在朝海一面的悬崖上，所以许多人乘船绕过码头来这里私自开采，既无需缴费，也无需持有开采许可证。

1807年，虽然布雷顿岛的人口只有区区五千多人，但官员的数量却异常庞大。财政收入几乎全用来支付他们的薪水。1812年战争几乎没有影响到布雷顿岛。战争结束后，煤矿开采特许费的征收出现了问题。一些承租人拒绝支付这笔费用。他们的理由是，根据原有的法律规定，该省不得征收任何税。他们的诉求得到了法院的支持。于是，政府的所有工作都暂停了。除了召集岛内议会或重新将该岛并入新斯科舍省，再无他法。1820年，做了四年总督的乔治·罗伯特·安斯利②将军辞职。临别时他说了人民许多坏话。鉴于该省成立之初就是一张怨恨的温床，英国政府决定不设议会。在强烈的民愤中，布雷顿岛于1820年重新并入了新斯科舍省。布雷顿岛的两名代表尤尼亚克和劳伦斯·卡瓦纳当选为新斯科舍省议会议员。虽然合并已是既成事实，但布雷顿岛内仍有人反对。1823年，又有一封请愿书送到了伦敦，要求

---

① 旧时英国容量单位。一查尔特隆等于三十六蒲式耳或者二百八十八加仑。——译者注
② 乔治·罗伯特·安斯利（George Robert Ainslie，1776—1839），苏格兰裔英国将军，1816年至1820年任布雷顿岛总督。——译者注

第七章

王室取消之前的合并决定。毫无疑问，该要求肯定遭到了拒绝。二十年后，同样的情况在悉尼重现，收到来自悉尼的请愿书后，当时的财政大臣威廉·尤尔特·格拉德斯通[①]断然拒绝（1846）。之后，这种请愿再没发生过。

"海湾花园"圣约翰岛更名为爱德华王子岛后，这里再没有发生过什么重大的政治事件了。之前，我们已经提到，1803年，塞尔柯克伯爵实施了苏格兰高地移民计划。这里的气候温和，土壤肥沃，移民们生活富裕、安逸；这里与大陆相对隔离，因此移民们的生活没有受到1812年战争的影响。党派之间的斗争也没有破坏岛内平静。关于立法问题的争论，议会和执行委员会大多是在夏洛特敦的立法大厅里以缓慢而温和的方式进行的。总督查理·道格拉斯·史密斯与议会发生矛盾时，不会将议会召集起来协商，而是选择平静地按自己的意愿去工作。但继任的总督们不像他那样独断专行。当路易·帕皮诺和威廉·莱昂·麦肯齐引发叛乱时，爱德华王子岛的民兵马上自愿加入了镇压叛乱的行动。

1822年，查理·道格拉斯·史密斯突然决定征收多年前免役税的尾款，致使岛内怨声载道。在岛民的眼

[①] 威廉·尤尔特·格拉德斯通（William Ewart Gladstone，1809—1898），英国政治家，自由党人，曾经四次担任英国财政大臣，四次担任英国首相（1868—1874，1880—1885，1886，1892—1894）。——译者注

中，一切问题的根源是他们没有土地所有权。这种状况出现是有原因的。当时，英国王室将岛上的土地授予领主，领主再租给个人。大多数居民只不过是租领主农场的佃户而已，而领主则住在英国国内，对这片新生殖民地的情况一无所知。佃户们用尽毕生心血才将一片荒地变成了沃土，但最终却有可能因无力支付租金而一无所有。许多佃户发现他们毕生的辛勤工作都打了水漂。土地所有权问题一直是岛上居民的心头之痛，在经过长达七十五年的争吵后，才得到了解决。详细过程我们会在后续章节谈到。

19世纪初，那场让欧洲各国王权更迭的战争[①]给纽芬兰岛带来了空前好运。昔日群集纽芬兰海岸的来自欧洲各国的竞争对手，都被英国舰队逐离了。一时之间，纽芬兰成为世界鱼类产品市场的霸主。圣约翰岛发展迅猛，尽管从前的限制条件还存在，但移民们还是大量涌了进来。1783年到1785年间，效忠派人士大量涌入加拿大的时期，纽芬兰岛的人口大约一万。1800年，驻扎在圣约翰斯的皇家纽芬兰军团密谋叛变，打算洗劫一番后逃往美国。奥唐奈尔主教及时发现，重拳出击，粉碎了皇家纽芬兰军团的阴谋。皇家纽芬兰军团被调走了。

---

① 指拿破仑战争。——译者注

第七章

1814年，战争结束了，七千名移民来到美洲这片最早的殖民地。于是，这里的人口总数突破了七万。新来的移民大多聚居在阿瓦隆半岛以及圣约翰河两岸的安全地带。他们靠经营海产品为生，所以居住地距海盐场和海滩都不远。新不伦瑞克人主要靠伐木业为生，而纽芬兰人完全靠渔业为生，他们根本不懂农业。1816年，欧洲和美洲的战争结束后，纽芬兰失去了世界渔业的垄断地位，曾经的繁荣瞬间消失了，贸易量出现了断崖式下滑。接下来的一年中，圣约翰斯迭遭三场大火，几乎化为灰烬，变成了一个令人唏嘘的痛苦之地。不过，好在后来的鱼价上涨得比较快，圣约翰斯又繁荣起来了。

圣约翰斯的商人通过经营渔业，积累了巨大的财富。他们希望所有的人都依赖渔业过活。因此，颇具心机的他们宣称圣约翰斯没有农田可耕，因为这里的气候和土壤都不适合发展农业。尽管他们这样说，但人口还是不断增长。不过，这里基本上没有政治生活，直到1832年，才出现以民众议会形式出现的代议制政府雏形。1821年，渔业方面所得利益的纷争出现了，但过去的十一年里，圣约翰斯的商人都守住了自己的利益阵地，他们不仅要防止人口增加，还要想方设法赶走已经定居的部分居民。他们只考虑自己的钱袋子。为了满足私欲，长期以来，他们一直欺骗英国政府。当这块殖民地最终迎来立法机构时,执行委员会和议会之间的冲突便开始了。但这种冲突不像上下加拿大、新斯科舍和新不伦瑞克那样明显和持久。因此,兄弟省早就建立了责任政府,而纽芬兰人民岛却迟迟没有争取到完全意义上的责任政府。

第八章

第一节 下加拿大省叛乱

现在我们再把目光转向矛盾重重的下加拿大。经过一番认真的调查后，1837年2月，皇家调查委员会向英国议会递交了一份报告。报告称，下加拿大省改革党的做法离经叛道，甚至遭到公正的朋友的谴责。议会已经连续五年拒绝供养王室官员，致使法官和其他官员的生活窘迫不堪。为解决这个棘手的问题，约翰·罗素爵士提出了一项议案。该议案授权总督从省级财政提取十四万两千英镑，以结清所欠王室官员的薪水。有人警告罗素爵士说，这样做可能会引起叛乱，但他却坚称，无论付出什么样的代价，都要保证官员得到公正的待遇。事实上，除了上议院由选举产生和执行委员会需向人民负责这两个要求遭到拒绝外，下加拿大提出的要求几乎都得到了满足。不过，其他殖民地的情况也是如此。因此，那两个要求遭到拒绝不是下加拿大叛乱的理由。

约翰·罗素爵士的议案在圣劳伦斯河两岸激起了民愤。人们举行各种集会，公开造反。狂热的路易·帕皮诺附逆了。沃尔弗雷德·纳尔逊[①]是一位英裔医生，能力与路易·帕皮诺相当，魅力稍逊路易·帕皮诺一筹，名气仅次于路易·帕皮诺。在议会中，沃尔弗雷德·纳尔逊是路易·帕皮诺的盟友。沃尔弗雷德·纳尔逊的品格高尚，口才出色，颇有人望。他认为，改革党和政府的矛盾就是自由与专制的决斗。于是，他全力支持路易·帕皮诺的斗争。夏初，戈斯福德爵士就警告他们不要选择危险的道路，禁止他们举行煽动性的集会。疯狂的人们撕毁了他张贴在公共场所的告示，高喊着"救世主帕皮诺万岁！"人们自发地组成了名为"自由之子"的团体，发誓不购买和使用征收关税的东西，以减少政府的税收收入。1837年8月，出席议会会议时，大部分议员身穿最朴素的布衣。这次会议的主题是要求王室收回在下加拿大省所有事务上的特权。总督的回应是立即解散了众议院。

现在，为了解决问题，路易·帕皮诺放弃伐谋，开

[①] 沃尔弗雷德·纳尔逊（Wolfred Nelson，1791—1863），英裔加拿大医生、政治家，曾任魁北克省蒙特利尔市长（1854—1856）。——译者注

第八章

始疯狂地伐兵了。在一些容易冲动的年轻人眼里,路易·帕皮诺的意志就是法律。忠于王室的教会试图阻止这种荒唐的行为,但尊敬的牧师发出的恳求不管用,忠诚的主教发出的威胁、命令,甚至逐离令也不管用。为了捍卫法律和宪法,为数不多的英国人组织起来了。省内所有的英国军队都聚集到蒙特利尔,忠诚的苏格兰民兵赶来声援。虽然上加拿大也有反叛分子闹事,但它仍将正规军派到了下加拿大。为了表明对上加拿大民兵的信任,弗朗西斯·黑德居然将英军派往下加拿大。他称上加拿大民兵已经做好与叛军战斗的准备,有能力确保上加拿大的安全。

1837年10月,叛乱地区的英国居民放弃了他们的农场和刚收好的庄稼,逃到了蒙特利尔。黎塞留河沿岸成为叛乱风暴的中心。圣查理聚集着全副武装的法裔农民,他们奉路易·帕皮诺的号令,竖起了一根自由之柱,开始征召士兵,分发弹药。自由之柱附近有一座石头建造的领地庄园,现在驻扎着起义军的一支小部队,指挥官是自封为将军的美国人托马斯·斯托罗·布朗[1]。距圣查理不远的圣丹尼斯有一个易守难攻的大型石材厂,这里驻扎着另一支起义军,指挥官是沃尔弗雷德·纳尔

---

[1] 托马斯·斯托罗·布朗(Thomas Storrow Brown, 1803—1888),记者、作家、演说家,下加拿大叛乱时期改革党领导人之一。——译者注

逊。1837年11月初，第一次混战在蒙特利尔发生了。当时正在集会活动的"自由之子"被名为"多立克俱乐部"的效忠派团体击溃。

为了抓捕起义军将领，驱逐叛乱分子，不久，政府军总司令约翰·科尔本爵士派出两支部队分别前往圣丹尼斯和圣查理。前往圣丹尼斯的部队共五百人，配有一门野战炮，由查理·斯蒂芬·戈尔上校率领。另一支部队的战斗力更强，在乔治·奥古斯都·韦瑟罗尔上校的率领下，向圣查理挺进。正式交战之前，一小支从圣约翰来的骑兵途径黎塞留河畔时遭到起义军袭击。起义军接下来的暴行激怒了政府军。韦尔中尉是一名年轻的军官，奉命给查理·斯蒂芬·戈尔上校送文件，不幸被起义军抓获。他逃跑时，被起义军击毙。接着，起义军用剑将他碎尸万段。沃尔弗雷德·纳尔逊一方面强烈谴责手下所犯的暴行，一方面积极准备迎敌，因为他从可怜的韦尔中尉那里获取了查理·斯蒂芬·戈尔上校正率部来攻的情报。

1837年11月23日风雪交加的晚上，查理·斯蒂芬·戈尔率部在泥泞的道路上跋涉十六英里后，终于在十点发起进攻。不过，沃尔弗雷德·纳尔逊的防守固若金汤。在石材厂的石墙前面，查理·斯蒂芬·戈尔唯一一门野战炮根本发挥不了作用。虽然石材厂里只有为数不多的法裔农民,但他们的火力却很猛。围攻持续数小时后,查理·斯蒂芬·戈尔部伤亡惨重。最后,他只好下令撤军,并抛弃了陷入了泥潭的大炮。起义军因这次胜利而士气大振。

不过,仅仅两天后,起义军就遭到了重创。因道路泥泞、桥梁坍塌,乔治·奥古斯都·韦瑟罗尔上校部耽误了行程。1837 年 11 月 25 日,他的枪炮对准了圣查理的起义军的营地。托马斯·斯托罗·布朗将军就是一只纸老虎,他的带兵能力远不及沃尔弗雷德·纳尔逊。听到第一声炮响,他就迅速地、悄悄地溜走了。虽然起义军没了首领,但还是勇敢地坚守着阵地。后来,政府军猛烈的炮火摧毁了起义军的防护墙。起义军被击溃,四散逃命。

战争刚一爆发,打口水仗厉害、动真刀实枪不行的路易·帕皮诺听从追随者的建议,躲到美国边境避难。不久,起义军的其他领导人也赶来会合。听到失败的消息后,沃尔弗雷德·纳尔逊在圣丹尼斯的起义军很快就化为乌有,就像四月天的雪一样。沮丧的沃尔弗雷德·纳尔逊只好效仿其他领导人的做法。倒霉的是,他在逃跑时被抓获了。

这时,新不伦瑞克的部队赶来了,但已经无仗可打了。圣查理之战大捷,政府军摧毁了起义军的大本营。

在一个风雪交加的晚上,查理·斯蒂芬·戈尔上校指挥部队突袭圣丹尼斯。绘者信息不详

因道路泥泞、桥梁坍塌,乔治·奥古斯都·韦瑟罗尔上校部耽误了行程。纳撒尼尔·哈特内尔(Nathaniel Hartnell,约1829—1864)绘

1837年11月25日,圣查理之战打响。乔治·奥古斯都·韦瑟罗尔上校部发动猛攻。查理·博克莱尔(Charles Beauclerk,1813—1842)绘

第八章

蒙特利尔北部的两片山区"游荡"着起义军的残余力量。约翰·科尔本爵士率领由正规军和民兵组成的部队前往讨伐。起义军聚集在圣尤斯塔斯和圣班诺特两个村子里。望见约翰·科尔本爵士的部队逼近了,圣尤斯塔斯的起义军大都逃跑,但少数几个意志坚定的人在舍尼埃医生带领下躲进了教堂,负隅顽抗。教堂的屋顶起火了,战友大都战死了,墙壁开始倒塌了。直到这时,这些英雄们才想到了逃跑,但却没有一个逃脱。圣尤斯塔斯化成一片废墟。约翰·科尔本爵士随即率部撤离,向圣班诺特进发。在约翰·科尔本爵士的大军到来前,圣班诺特起义军的首领就逃之夭夭了,剩下的纯属乌合之众。他们突然意识到,他们特别愚蠢,被首领玩弄于股掌之间,于是就向政府军求和。但那天晚上,愤怒的英裔士兵还是烧毁了村子里的部分建筑,因为起义军毁了他们的家园,抢了他们的粮食,他们要解心头之恨。

1838年伊始,下加拿大的叛乱进入尾声了,尽管一些边境问题还会发生,它们是由掠夺成性的美国人引起的。面对下加拿大省的叛乱,人们的第一感觉是意外,造反头目煽动叛乱的声势一开始浩大,没想到最后平定得竟然如此轻松。其实,其中原因并不难解释。事实上,大部分法裔加拿大人不支持叛乱。与同时期上加拿大发生的起义相比,整体而言,下加拿大造反者的人数和决

约翰·科尔本爵士部开始进攻圣尤斯塔斯的起义军。查理·博克莱尔绘

圣尤斯塔斯的起义军大部逃跑后,少数几个意志坚定的人在舍尼埃医生带领下躲进了教堂,负隅顽抗。约翰·科尔本爵士下令向起义军最后的据点发起总攻。查理·博克莱尔绘心没有强多少。在上加拿大，当改革党中的一些激进分子倾向于发动叛乱时，却遭到睿智、温和的同党人士的反对。下加拿大的情况也是如此。这些有识之士认为，对宪制表达不满是一回事，但发动叛乱则是另一回事。为了保护民族语言和传统，这些有着光辉历史和民族气节的人们紧紧地团结在一起。然而，当是效忠还是背叛国家的情况出现时，他们就产生了分歧。路易·帕皮诺和他的追随者原本以为他们已经影响了所有法裔加拿大人的思想，但现在他们明白了事实并非如此。正如我们看到的那样，法裔加拿大教会竭尽全力阻止叛乱的发生，领主家族站到了护宪的阵营里。虽然省内各地的广大农民对起义者没有表现出明显的敌意，但他们没有附逆。他们能够接受政府现有的管理，而且不希望发生内战。更重要的是，许多法裔加拿大民兵都很忠诚，愿意帮政府去纠正那些误入歧途的同胞们的错误行为。德赫特尔上校率领一千五百名民兵驻扎在叛乱最严重的地区。他向政府军统帅汇报道，他的部队对政府绝对忠诚，随时听候调遣。第一次冲突在黎塞留河畔发生后，法裔加拿大人居住的县城几乎都发表了效忠宣言。因此，把路易·帕皮诺的叛乱说成所有法裔加拿大人的叛乱，对那些英勇高尚的人们来说，这是极不公正的。事实上，叛乱只是少数头脑发热且别有用心的法裔加拿大人所为，

第八章

遭到了大多数法裔同胞强烈的、愤怒的谴责。

但少数人犯了错误,整个省跟着遭殃。逃往边境的造反分子有可能得到美国人的军事支持。戈斯福德爵士被召回,约翰·科尔本爵士被任命为军事总督。1838年,1791年制定的宪法停用了,专制政府继续治理下加拿大了,但这只是过渡时期的做法。5月,达勒姆爵士作为王室特派员,出任下加拿大总督,负责解决现有纠纷、规划在加拿大设立高效的代议制政府等事宜。达勒姆爵士的工作具有重要的、深远的历史意义,我们会在后面的章节中详述。现在我们只提一下这年的秋天他愤怒之中、抛下工作返回英国后的事情。

达勒姆爵士离开加拿大后,叛乱又死灰复燃。在边境线美国一侧的一些小镇上,造反分子成立了许多名为"猎人小屋"的秘密组织,其成员均宣誓支持加拿大独立,从而在整个美洲大陆上推行共和制。"猎人小屋"的行动已经威胁到加拿大的安全,但美国当局却对此视而不见。10月,一些鲁莽、激进的法裔农民又现出了暴徒的真面目,卷土重来。英裔居民为安全计,再次逃进市区避难。窜入博阿努瓦县的一支起义军胆大包天,居然向一个易洛魁人村庄进发。11月5日是星期天,当起义军逼近卡纳瓦加村时,忠诚的印第安人冲出教堂,缴了他们的武器,留下了几名俘虏,赶走了其余不知天高地厚的家伙。沃尔弗雷德·纳尔逊之弟罗伯特·纳尔逊在起义军的大本营皮尔维尔内宣布成立加拿大共和国。政府军赶来镇压时，罗伯特·纳尔逊率领他的一干人马逃向了加美边境，想与那里的一支美国盟军汇合。途中，一小支起义军碰上了一支加拿大民兵。进过一番激战，起义军被击败了。这时，罗伯特·纳尔逊的主力部队赶了过来。加拿大民兵团迅速撤进奥德尔镇的教堂，接着英勇地反击了。最后，起义军撤到了边境之外。加拿大民兵的复仇之火点燃了，很快镇压了博阿努瓦县的叛乱。战争的结果是，不少村庄毁了，监狱里关满了造反分子和造反嫌疑分子。下加拿大最后的反叛火焰熄灭了。而在遥远西部地区，少数造反分子在美国势力的帮助下不时制造一些麻烦。不久，他们就会受到惩罚。现在整个叛乱地区实施了军事管制。许多囚犯立即受审，十三人因叛国罪被判死刑，其他人被判流放。有些去年造反的人躲过了惩罚，这次造反，真是罪有应得。然而，不少服刑的人不过是某些阴谋家的工具而已，而那些耍阴谋的领导者却及时逃脱，后来还得到赦免，甚至在他们鼓动造反的地方担任要职。

第八章

第二节　上加拿大省叛乱

1837年的前几个月，上加拿大的情况与下加拿大一样，意欲谋反的只是不安分的少数人。然而，两省的情况并不完全一样：大部分上加拿大人积极效忠王室，而大部分下加拿大人则持漠不关心的态度。

8月初，威廉·莱昂·麦肯齐干起了蠢事。他和他的追随者悍然发布了所谓的《改革党宣言》。然而，这份充满炫耀的文件却为改革党的精英分子所不耻，遭到埃杰顿·赖尔森、罗伯特·鲍德温、马歇尔·比德韦尔等人的强烈谴责。《改革党宣言》陈述了人民的疾苦和不满，宣称不再效忠王室，并声援下加拿大的叛乱。为了宣传改革党宣言的原则，他们成立了"告诫委员会"。威廉·莱昂·麦肯齐往返于省内各地，企图用花言巧语欺骗和煽动人民叛乱。一些地区的人民被他说服了，另一些地区的效忠派农民则大声喝斥，让他闭嘴。政府则任由他四处煽动，不加阻止。其实，总督弗朗西斯·黑德爵士现在的不作为是明智之举，要比之前的表现高明得多。他想，在动用武力纠正威廉·莱昂·麦肯齐的错误前，最好先让他的追随者们自揭其短。而在这个时候，他将正规军派往下加拿大堪称高招。这样一来，整个上加拿大的卫戍全由上加拿大民兵负责了。一旦发生流血

上加拿大叛乱前夕的多伦多。这里很快成了造反中心。欧文·斯特普尔斯绘

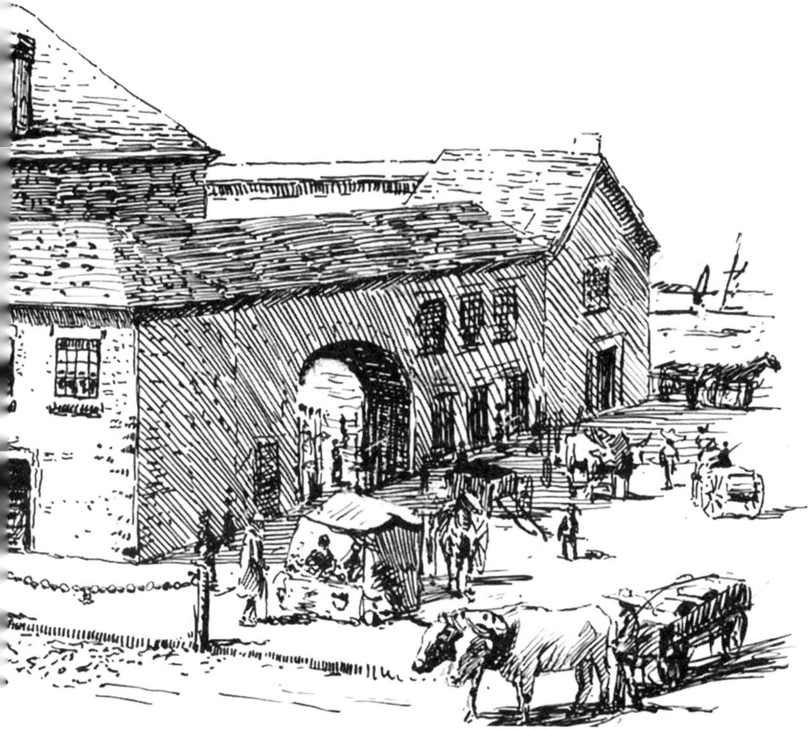

冲突，王室军队就可以撇清关系。

多伦多成为造反的中心。狡猾的罗尔夫没让自己的名字出现在造反分子的宣言名册上。他深得总督弗朗西斯·黑德爵士的信任，但他却暗中支持威廉·莱昂·麦肯齐的主张。最终，他被起义军选为新政府的领导人。与下加拿大的起义军一样，上加拿大的起义军也标榜为"爱国者"，并在尼亚加拉河中的海军岛（Navy Island）上建立了所谓的"临时政府"。他们设计了所谓的共和国的国旗。国旗上有两颗星，分别代表上加拿大和下加拿大。我们现在看来，起义军的行为就像学校里的男孩儿在玩战争游戏一样。11月25日，法裔起义军向圣查理进发时，威廉·莱昂·麦肯齐以"上加拿大临时政府主席"的名义发布了一项宣言，呼吁加拿大人团结一致、联合行动。

当时，多伦多没有政府军驻守。央街上有一家蒙哥马利客栈，这里成了起义军的集合地。12月4日，有消息传来，起义军向多伦多逼近。总督、官员以及不少效忠的市民急忙聚集到市政大厅。为了保卫多伦多，他们决心用尽军火库里最后的武器和弹药。与此同时，总督弗朗西斯·黑德爵士派信使火速赶往汉密尔顿，传令艾伦·麦克纳布上校率查理·斯蒂芬·戈尔的民兵驰援多伦多。威廉·莱昂·麦肯齐进攻多伦多的目的就是夺取市政大厅的军火库,然后向他的追随者散发武器。但他错失了战机。起义军走到半路就调转回头,放弃了行动计划。虽然蒙哥马利客栈聚集的起义军越来越多,但艾伦·麦克纳布已经率领查理·斯蒂芬·戈尔的民兵赶到了多伦多。于是,危机解除了。

然而,流血冲突还是发生了。安东尼·范·埃格蒙德担任集结在蒙哥马利客栈的起义军的军事训练主官,他曾是拿破仑麾下的猛将。起义军的总指挥塞缪尔·劳恩特本是铁匠。塞缪尔·劳恩特的部下俘虏了忠于王室的鲍威尔上尉,但鲍威尔上尉射杀了看守逃走了。罗伯特·穆迪上校策马越过起义军警戒线示威时,被射落马下。然而,不久,起义军的放肆就终结了。12月7日,总督弗朗西斯·黑德爵士和艾伦·麦克纳布上校率五百民兵前往讨起义军。虽然聚集在蒙哥马利客栈的起义军多达一千人,但他们半数没有武器,有的只是拿着镰刀、斧头、草耙等。弗朗西斯·黑德爵士不想看到流血冲突上演,于是要求起义军投降;但威廉·莱昂·麦肯齐却坚持要求总督给人民公正的待遇。穿粗糙的土布衣的民兵就像穿红色制服的正规军一样勇敢,他们不断向起义军逼近。一开始,双方的火力都很猛,但不久冲突就结束了,起义军四散逃离。威廉·莱昂·麦肯齐逃到了境外。胜利者烧毁了蒙哥马利客栈和一位起义军领导人的

罗伯特·穆迪上校策马越过起义军界线示威时,被射落马下。查理·威廉·杰弗里斯绘

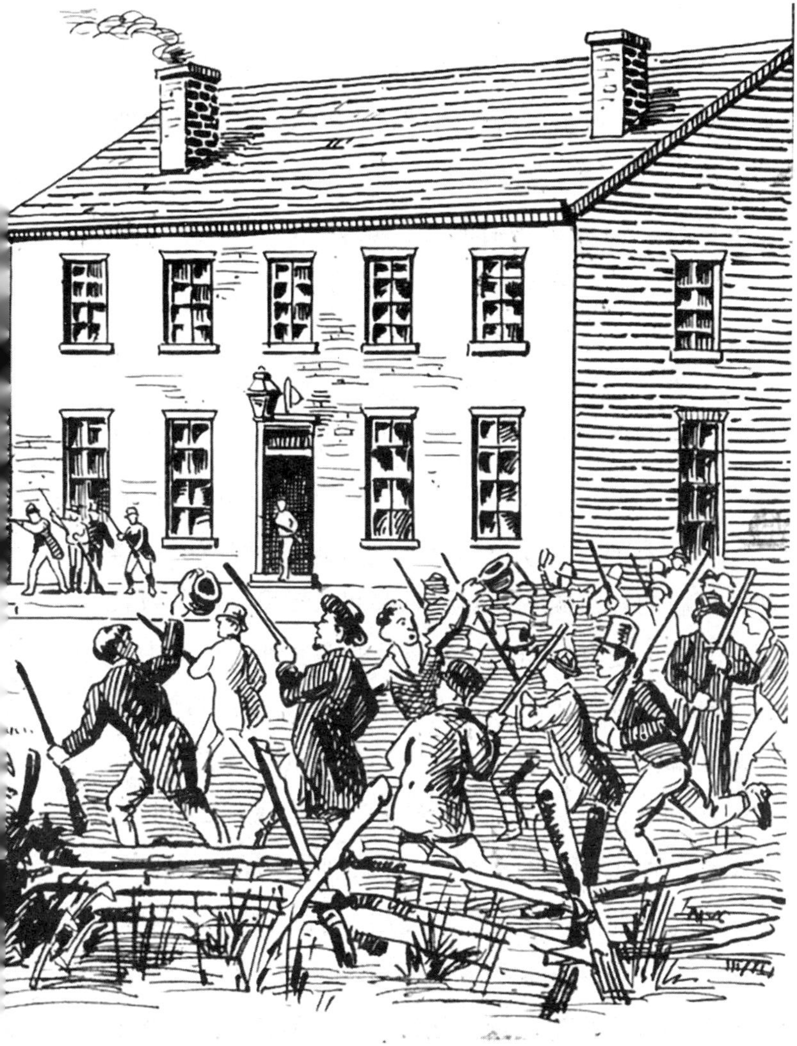

住所。弗朗西斯·黑德爵士赦免了所有俘虏。蒙哥马利客栈之战发生后的几天里，各地民兵不断涌入多伦多。弗朗西斯·黑德爵士可调配的部队实在太多了，最后他只好打发大部分民兵返回家乡。

海军岛上仍然飘扬着起义军的旗帜。在这里，威廉·莱昂·麦肯齐带领一小撮追随者和几个美国盟友，继续天真地做着临时政府的美梦。美国的一些边境城市非常支持威廉·莱昂·麦肯齐造反。然而，就在接下来的一年，美国总统和边境各州的州长警告美国人不要对友好的加拿大邻居图谋不轨，但美国人却常常充耳不闻。

威廉·莱昂·麦肯齐在海军岛上维持临时政府，这是非常荒唐的。他慷慨地向愿意拿起武器造反的人封官许愿。艾伦·麦克纳布上校率领民兵驻扎在对面的加拿大海岸上。威廉·莱昂·麦肯齐的一举一动受到严密监视。海军岛的港口泊着"卡洛琳"号蒸汽船，它专为起义军运送物资。为了俘获"卡洛琳"号蒸汽船，27日晚，艾伦·麦克纳布上校派出一支小分队划着小船潜入敌区。小分队就是敢死队，由海军陆战队士兵和志愿民兵组成，指挥官是皇家海军舰队的德鲁中尉。虽然"卡洛琳"号蒸汽船处在施洛瑟堡大炮的保护之下，但还是被英勇的敢死队俘获。"卡洛琳"号的船员被捆绑着押到了岸上，然后"卡洛琳"号被付之一炬。尼亚加拉大瀑布都被熊熊大火照亮了。美国人避而不谈自己违反中立约定，却强烈谴责加拿大人烧船，因为"卡洛琳"号是一艘美国蒸汽船！虽然英国政府为此向美国人道了歉，但艾伦·麦克纳布上校还是受到了嘉奖。

最后，威廉·莱昂·麦肯齐撤下了两星旗，弃岛而逃。不久，他被纽约州当局逮捕，以攻击友邦的罪名在艾尔巴尼受审，并被判处十八个月的监禁。然而，美国对加拿大的图谋不轨并没有结束。美国计划兵分三路，出奥格登斯堡、布法罗和底特律，进攻加拿大。但有能力的领导人太多，由谁来担任统帅呢？他们争论不休，悬而未决。于是，中路进攻不了了之。加拿大安全方面受到的威胁在一定程度上削弱了。1838年2月22日，东路军——由起义军和美军组成，共计一千五百人——越过边境，进至加拿大一侧的希科里岛，但不久就撤了回去。只有萨瑟兰率领的西路军才发起了真正意义上的入侵。他指挥四百名武装分子穿过密歇根湖，直扑皮利岛，但他们在阿默斯特堡遇到加拿大正规军。在冰冻的湖面上，双方发生了激烈的交火，最终萨瑟兰兵败被俘。在狱中，萨瑟兰正式声明，美国政府操纵了这次入侵，意欲像吞并德克萨斯那样吞并加拿大，但一个叛国者的证词不足为信。

殖民部建议弗朗西斯·黑德爵士将改革党人士召入

执行委员会，他没有听从，而是主动辞职。乔治·亚瑟①爵士继任总督，他既严厉又古板。之前，他曾任范迪门斯岛②总督。他不折不扣地支持保守党，无比痛恨改革党。上加拿大弥漫着复仇的空气，监狱里人满为患，很多嫌疑分子受到迫害，造反领导人马修斯和塞缪尔·劳恩特被判处绞刑。要不是英国政府的强烈干涉，更多残酷的迫害一定接连发生。造反爆发后，一方面改革党声名狼藉了，另一方面盟约党的严酷统治变本加厉了。人们越来越难以忍受了。最效忠王室的人士开始呼吁人们起来推翻暴政。而达勒姆爵士的建议大大增强了改革党推翻暴政的决心。

前文讲到，1838年秋，达勒姆爵士回英国后，下加拿大再生战乱；同时，上加拿大的边境地区也遭到入侵。邪恶组织"猎人小屋"在奥格登斯堡组织了一支部队，图谋入侵加拿大，而美国人则做好了隔岸观火的准备。11月11日，一支约两百人的难民和美国好事者组成的队伍，在范舒尔茨的指挥下，穿过边境，来到普雷斯科特的一座山上。范舒尔茨是一名来自波兰的流亡者。虽

---

① 乔治·亚瑟（George Arthur，1784—1854），英国将军，曾任英属洪都拉斯督军（1814—1822），英属范迪门斯岛督军（1823—1837），英属上加拿大总督（1838—1841），英属孟买总督（1842—1846）。——译者注
② 澳大利亚塔斯马尼亚（Tasmania）岛的旧称，1856年后改称现名塔斯马尼亚岛。——译者注

乔治·亚瑟爵士。绘于他担任上加拿大总督期间。理查·詹姆斯·莱恩（Richard James Lane，1800—1872）绘然他很勇敢，但指导他的思想是错误的。他的祖国因暴政而民不聊生，于是，他认为加拿大亦然。15日，来自金斯敦的一支部队袭击了范舒尔茨的营地。范舒尔茨部被赶进一个坚固的圆形石头磨坊内。这种建筑我们经常提到。范舒尔茨部一边奋勇抵抗，一边向河对面的援军求助，但援军非常谨慎，只观战，不相助。就在这紧要关头，美国政府出面干涉了，最后收回了冒险分子的船。第二天，一支加拿大正规军带着大炮赶来了，立刻粉碎了范舒尔茨的疯狂计划。磨坊的围墙被攻破，残敌悉数被俘。范舒尔茨及其十一名同伙经审判后，处以绞刑。

美国总统范布伦随后发表声明禁止美国人支持造反分子攻打加拿大。然而，底特律的美国人暗中继续帮助一队计划夺取阿默斯特堡的造反分子。1839年12月，四百五十多名造反分子越界进入温莎，烧毁了一艘船和数座房，俘虏了几个民兵，杀死了一名热爱和平、不愿与他们同流合污的平民。接着，他们攻占桑德威奇，然后夺取阿默斯特堡。这时，俘虏逃跑了。他们勃然大怒。他们遇到一位名叫休谟的外科医生，于是便残忍杀害了他。普林斯上校率两百民兵来收复桑德威奇。一场激战随之打响。最后，民兵大获全胜。侥幸存活的入侵者退回温莎，然后过河逃往他们在美国的避难所。获悉入侵者的野蛮行径后，民兵们义愤填膺，立刻射杀了四名俘房。这是以牙还牙的野蛮报复行为,还好民兵们及时停手了。剩下的俘虏都被送往法庭受审。最后,三人被处死,一些被驱逐,另外一些因为太年轻而免于处罚。这次对桑德威奇的袭击,是造反分子最后的挣扎。

第三节 达勒姆爵士和他的调查报告

虽然造反带给加拿大巨大的痛苦,但同时产生了一些积极的影响。它引起了英国上层人士对殖民地情况的重视。于是,许多严重的权力滥用得到了纠正。1838年夏,达勒姆爵士开始主政加拿大,这标志着加拿大旧秩序的结束。

达勒姆爵士是英国杰出的自由党政治家。赴加拿大任督军时,他还兼任王室特派员。虽然没有明文说明,但他位高权重,这是不争的事实。他有些妄自尊大,爱出风头,对批评过于敏感。不过,他确实是一位体恤民情的好官。他的调查报告具有开阔的视野、深邃的洞察力。在殖民地问题上,之前的英国政治家从未做到的,现在他做到了。1838年5月,他抵达魁北克。六个月后,他一气之下辞职回了英国。他治理加拿大的时间虽短,但照样建立了伟业。

在调查各省的状况时,达勒姆爵士面临着如何处置大量政治犯的问题。许多主犯都已逃到了美国，从犯大多都获得了他的赦免，其中就包括沃尔弗雷德·纳尔逊等八个引人关注的罪犯。因为加拿大的宪制已暂停，所以已经实行陪审团制度的法庭审判。于是，达勒姆爵士利用他执掌的模糊的权力，既当法官又当陪审团，将不法分子定罪后，一律流放到百慕大，并警告道，如果他们胆敢回来就以叛国罪论处。达勒姆爵士的做法有违常理，留给了政敌获攻击他的把柄。百慕大总督抱怨他无权接收那些流亡犯。英国政府也反对达勒姆爵士的做法。在议会上，达勒姆遭到了严厉的批判。于是，他一怒之下辞去了督军的职务。但在离职前达勒姆爵士称，既然政府不支持他惩罚臭名昭著的造反分子，他就赦免所有造反分子，而这次大规模赦免就包括路易·帕皮诺这样的造反头子。有人认为，这是公然鼓励叛国。不过，愤怒的督军没有收回他的决定。

然而，经过整整一个夏天，达勒姆爵士出色地完成了肩负的使命。那时，百慕大还没有出现反对他的浪潮，伦敦也无暇顾及他在魁北克的工作。达勒姆爵士派代表分赴各省，详细调查当地政府的状况，了解民生的疾苦。他还邀请新斯科舍、新不伦瑞克、纽芬兰和爱德华王子岛的总督及立法委员会代表到魁北克开会，共商加拿大的发展大计。这次会议具有重要的历史

达勒姆爵士。他是英国杰出的自由党政治家。托马斯·菲利普斯(Thomas Phillips,1770—1845)绘

意义，因为讨论的主要议题正是英属北美各省联盟的计划。不过，达勒姆爵士觉得大联盟的时机尚未成熟，就将所有的精力都投入到推进上下加拿大两省联盟的事业中去了。

达勒姆爵士向议会提交了一份关于殖民地事务迄今为止最详尽、最权威的报告。他的意见和建议都有大量的事实支撑。报告指出，加拿大各省的政府管理都遇到同一个问题，即执行机构和代表机构在没完没了地争斗。报告提醒议会注意这样的事实，即自1688年以来，英国的稳定局面之所以能保持，是因为政府对立法委员会负责的立宪制度得以确立。报告还提醒议会应注意加拿大各省都存在民愤的事实。报告大胆断言，"长此以往，各省居民的人身安全与财产安全将失去保障，生活将失去幸福，工业发展也就无从谈起"。这是对殖民制度的严厉控诉。为解决下加拿大省的民族矛盾，达勒姆爵士提出成立加拿大立法联盟的建议。这样一来，派别之争就不再基于民族和语言，而是基于地方或区域利益了。为了治好让加拿大痛苦不堪的立宪顽疾，达勒姆爵士敦促执行委员会一定要对议会负责。为了让各省能在情感和贸易上走得更近一些，他建议修建一条穿越各殖民地的铁路。为了使地方利益得到保护，他呼吁应该尽快建立起市政一级的管理机构。

第四节 上下加拿大联盟

在达勒姆爵士报告的基础上,约翰·罗素爵士向议会提交了一份议案。不过,在通过前,该议案已经分别提交给了上下加拿大两省的政府。这是加拿大新督军查理·波利特·汤普森审时度势后做出的要求。下加拿大省立即接受了联盟的计划。因为1791年宪法暂停实施,下加拿大不存在议会,所以议案只需执行委员会的通过即可。如果真拿议案去问普通的法裔加拿大人,他们多半会以鄙夷的口吻拒绝,因为他们认为这不过是一个消灭他们的语言、改变他们的传统的借口而已。而事情后续的发展态势告诉我们,这种担心完全多余。联盟议案在上加拿大获得通过要困难得多,查理·波利特·汤普森伤透了脑筋。在没有英国政府的帮助下,保守党粉碎了叛乱,占领了道德高地,控制了立法委员会和执行委员会。因此,保守党根本不会同意执行委员对人民负责。但《联盟法案》要求执行委员会对人民负责,这和1839年约翰·罗素爵士兼任战争部与殖民部大臣时发表的公告中表达的思想一致。于是,查理·波利特·汤普森将该要求向上加拿大立法委员会做了宣读,他"受女王的指派,在遵从人民意愿、维护人民利益基础上,管理各省的政府"。约翰·罗素爵士的公告要求督军将那些"深得全加拿大人民信任和尊敬"的人召入他的顾问团和公共服务部门；但在公共政策需要时，督军有权对某些部门的负责人（如总检察长、总测绘长、总税务官以及其他执行委员会的成员等）做出停职处理，劝其退休。

查理·波利特·汤普森先生所宣称的原则就是约翰·罗素爵士公告中的原则。这些原则受到改革党的热烈欢迎，但对保守党来说，却仿佛接到了失败的宣判。尽管如此，为了维护忠诚的名声，他们接受了失败。上加拿大保守党的绝对核心——执行委员会被迫相信这是威斯敏斯特的意志，只得将这一讨厌的议案当作一项政府计划提交到上议院等待讨论。在众议院议会上，议案引发了激烈的辩论，但在公众利益和王室愿望都得到满足的情况下，该议案顺利通过。该议案经过修订后，再次提交到威斯敏斯特宫。1840年7月，英国议会通过该议案。

然而，联盟计划直到1841年2月才实施。上下加拿大再次合并为一个省。于是，半个世纪的分离结束了。宣布加拿大联盟成立的时候，约翰·罗素爵士还发布了一个公告。公告称："只有议会的意愿严重影响到王室的荣誉或帝国的利益时，督军才可以否决议会的决定。"这种结果是改革党中的温和派想看到的，因此，他们大获全胜了。但改革党和保守党中的极端分子却非常不满：一方认为这是不彻底的改革，而另一方认为这是为共和主义开路。查理·波利特·汤普森出色地完成了使命，获封肯特爵士和多伦多爵士，史称"锡德纳姆爵士"。

根据新的宪制原则，加拿大联盟的立法机构由督军、上议院（或立法委员会）和众议院（或议会）组成。上议院由二十名议员组成，议员由王室任命；众议院由八十四名议员组成，议员由人民选举产生。两院的代表名额由两省平分。执行委员会由八名成员组成，成员由督军从两院挑选。在履行执行委员会职责之前，从众议院选出的成员还须接受人民的再次选举，以确保他为人民所信任。议会每年要编制七万五千英镑的固定的王室年俸预算，但前提是其他税收收入由议会完全控制。公共开支的票据必须由政府出具，这是防止奢侈浪费的明智之举。1841年6月，加拿大联盟后的首次议会会议在金斯敦召开。督军代表王室在发言中宣称自己将接受责任政府原则的约束。但许多年之后，这些原则才完全确立并正式生效。第一届议会会议通过了许多重要的计划：调整货币和关税政策，扩建运河和其他公共交通，推广普通学校教育，建立市政机构……对整个加拿大来说，建立市政机构是一件大好事。将地方和内部事务的管理权交给各乡镇，可以减少区域之间的矛盾和冲突，法裔加拿大人也吃了定心丸，开始普遍推行地方自治政策。党派矛盾和民族矛盾虽然没有因为《议会法案》出台就像变魔法一样马上消失，但随着政治舞台的扩大，人身攻击的味道正在慢慢消失。新的矛盾随即出现，新界限很快便取代了旧界限。党派也朝着新的方向发展，形成了保守党和改革党两个阵营。起初，这些党派的名称还有明确的意义①，但后来变得越来越模糊了。

　　上文提到的市政机构，这里需要再解释一下。加拿大早期历史上，各省的立法委员会都要履行市政委员会的职责，虽然所涉政务，事无巨细，无不处理，但实际上大多数委员对政务并不了解。安大略省立法委员会最早开始向市镇、县城和乡村各级管理机构放权，将大部分本地事务交由他们管理。到1841年两省联盟时，该制度经修改后在两省推行开来，各地区迅速响应，该制度也得到了进一步完善。不过联盟成立好几年后，新斯科舍省和新不伦瑞克省才设置了市政机构，而爱德华王子岛还处在摸索试行阶段。《联盟法案》赋予了各省立法委员会完全控制其管辖区内市政机关的权力，但上述提到已具备高效市政法规的省份在行使权力时可视具体情况灵活交由下级的市县、城镇和乡村去管理各自的各种事务，比如，发展公共事业，提高公共卫生状况和公

---

① 保守党和改革党原本指服务国家的两种不同方式，保守党提倡保留旧制度中的精华部分，而改革党则主张剔除旧制度中的糟粕部分。——原注

第八章

共道德水平,并向辖区居民征税以实现这些目标。各个省份在行使权力时的程序略有不同,但管理机构都是各级委员会——乡村级的、教区级的、乡镇级的、县城级的或城市级的。乡镇一级委员会的首席官员为镇长,县城一级的委员会首席官员为县长,城市一级委员会的首席官员为市长。城市一级委员会的所有成员都是高级市政官。

秋天,锡德纳姆爵士从马背跌落受伤,后来不治身亡。查理·巴盖特[①]爵士继任督军。这一时期,保守党是英国的执政党,首相是罗伯特·皮尔爵士;唐宁街的殖民部大臣由保守党人士斯坦利爵士担任;新任督军是老派托利党人士。因此,加拿大的保守党希望政局变回原来的老样子,废除那些难以接受的改革计划。但结果令他们很失望。斯坦利爵士没有做任何改变,查理·巴盖特爵士继续坚定地推行锡德纳姆爵士的路线,还将拉方丹、鲍德温、欣克斯和戴利四位众议院改革党领导人召入执行委员会工作。次年,查理·巴盖特爵士身体状况欠佳,辞职而去,查理·梅特卡夫爵士继任督军。查理·梅特卡夫爵士对殖民地实行责任政府不热衷。他坚

[①] 查理·巴盖特(Charles Bagot, 1781—1843),英国政治家、外交官、殖民地官员,曾任英国驻美国、俄国、荷兰大使,加拿大省督军(1841—1843)。——译者注

查理·巴盖特爵士。亨利·威廉·皮克斯吉尔（Henry William Pickersgill, 1782—1875）绘

查理·梅特卡夫爵士。乔治·钱纳利
(George Chinnery, 1774—1852)绘

定地认为王室的权威必须得到保证。他在执行委员会所做的一切只是对女王负责。正是基于这种想法，在没有征询执行委员会意见的情况下，他自行任命了一些官员。虽然鲍德温和拉方丹对他的做法表示反对，但无济于事。查理·梅特卡夫爵士坚持认为自己有权这样做，绝不会放弃这样做的权力，因为这可以换取议会的支持。鲍德温和拉方丹愤而辞职。其他各省都在关注着事态发展。随后，加拿大迎来了新的大选，大选结果是查理·梅特卡夫爵士留任。改革党大败，保守党在新的众议院中获得大多数席位，其领袖德雷珀新生组建新内阁。于是，建立责任政府推后了三年。

1844年，政府驻地从金斯敦迁往蒙特利尔。此时，殖民部大臣已赦免了除威廉·莱昂·麦肯齐以外的所有造反分子。又过了五年，威廉·莱昂·麦肯齐才获得赦免。1845年11月，在蒙特利尔组建的新议会中，几位被赦免的造反分子也成了议员。查理·梅特卡夫爵士辞职，卡斯卡特爵士继任督军。接着，一个迫在眉睫的问题摆在加拿大当局面前。现在，平定反叛的英雄艾伦·麦克纳布爵士是德雷珀政府领导下的议会中的主要领导。他提出一项议案，要求赔偿叛乱时期上加拿大省受害人民的损失。这就是著名的《叛乱损失议案》。议会同意拨付约四万英镑的赔偿款。不久，下加拿大省代表向政府提出了类似要求,但遭到上加拿大省效忠派人士的强烈反对。他们认为所有的法裔加拿大人都是造反分子,不应得到赔偿。接受委托、进行调查的委员会报告称,虽然下加拿大索赔总额达二十五万英镑,但实际上十万英镑就足以赔偿所有的损失。最终,德雷珀政府仅拨付了一万英镑。政府的这一做法引起了两省人民的强烈不满。下加拿大人不满是觉得钱太少,这对他们是一种嘲弄;上加拿大人不满是觉得造反分子居然也能领到补偿。就在大家满腹牢骚时,英国政府调整了加拿大的人事。1847年,英国派出了有史以来最机智、最果敢的加拿大督军,他就是达勒姆爵士的女婿埃尔金爵士。埃尔金爵士履新一年后,新一届议会大选举行,保守党被击败,改革党获得了众议院的多数席位。德雷珀先生据责任原则,递交了辞呈。埃尔金爵士接受了他的辞呈,并召改革党领导人拉方丹和鲍德温组建新政府。1848年,争取责任政府的长期斗争终于取得了胜利,这场斗争从效忠派人士定居加拿大开始,中间从未停止过,从1812年战争一直持续到1848年。同年,新不伦瑞克省和新斯科舍省也取得了同样的胜利,我们将在下一节详述。直到1852年,爱德华王子岛才组建责任政府,而直到1855年,纽芬兰岛屿才组建责任政府。

第五节　新不伦瑞克和新斯科舍建立责任政府

沿海省的保守党和改革党都在义愤填膺地关注着兄弟省叛乱的动向。上下加拿大发生的边境摩擦转向了东部缅因州与新不伦瑞克省之间的争议领土上，差点儿引发战争。虽然这是1839年发生的事，但要了解争端的来龙去脉，我们有必要回到1783年英美两国关于边界问题所签署的《巴黎和约》上来。前文已经说过，承认美国独立时，英国以圣克洛伊河为英美两国的东部边界，即从圣克洛伊河源头开始到划分大西洋水域和圣劳伦斯河水域的高地为止。随之而起的争议是到底哪条河才是圣克洛伊河。美国人主张的圣克洛伊河是真正的圣克洛伊河东边的马加瓜戴维克河。后来，圣克洛伊河口的岛上发现了尚普兰时期定居点的遗址，于是，争议平息了。但圣克洛伊河是有支流的，于是争议又出现了：哪条支流的源头才是真正的圣克洛伊河的源头呢？1798年，第三方调查团经调查后认定西边的支流的源头是真正的圣克洛伊河的源头，并在源头竖立了一座石碑作为永久的标记。另一个争议的焦点是"高地"的具体所指。英国主张的"高地"是指标记石碑以北约四十英里处的马斯山。英国之所以这样主张，是因为虽然《巴黎和约》没有明文规定，但其主要精神是要把圣约翰河所有支流

第八章

流经的地方划归英国。美国主张的"高地"是马斯山以北一百英里、靠近圣劳伦斯河谷的地方。如果美国的主张获得支持,那么圣约翰河那些最大支流的主权尽入其彀中。"高地"方面的分歧第三方调查团没能解决,于是就搁置下来。然而,随着越来越多的拓荒者将目光转向这片肥沃的土地及其丰富的林木资源时,纷争再起。这片土地被称为"争议领土"。

霍华德·道格拉斯爵士担任新不伦瑞克总督期间,领土纷争变得激烈起来。缅因州民兵聚集在边界,扬言占领争议领土。一个叫贝克的人率一队冒险分子进入争议领土,并在马达瓦斯卡升起了星条旗。霍华德·道格拉斯爵士一边派兵对付缅因州民兵,一边派警察处理贝克挑衅事件。警察厅长带领警察赶往马达瓦斯卡,砍倒了旗帜,俘虏了贝克。贝克腋下夹着星条旗被带到弗雷德里克顿接受法庭审判,最后被判交罚金。虽然缅因州群情激奋,但没有发动进攻。1829年,荷兰国王曾接受委托,斡旋争议领土问题,但经过仔细调查后,他宣称这超出了他的能力范围。于是,他提议将争议领土一分为二,美国占多半。但两国都认为应该拥有全部领土,就拒绝了该提议。争议继续存在。两国都气愤地关注着对方的举动。1839年,当奥格登斯堡、布法罗和底特律的人民开始强烈谴责边境那边的邻居、磨刀霍霍时,缅因州长费尔菲尔德觉得夺取争议领土的时机已经成熟。1月，一帮伐木贼无视缅因州和新不伦瑞克省的法律，进入争议领土，盗伐了大量价值不菲的木材。费尔菲尔德派出一名警长率领警察赶走了伐木贼，收缴了木材。听到这个消息后，新不伦瑞克省的伐木工人聚集到一起，赶走了缅因州警察。于是，新不伦瑞克政府又控制了争议领土。很快，一场战斗在寒冷的森林里打了起来。战斗结束后，美国人被赶了回去，他们的一位领导——土地管理官员麦金太尔被俘。麦金太尔坐着马拉雪橇，被押送到弗雷德里克顿受审。为了报复，美国人俘虏了麦克劳克林。麦克劳克林时任争议地区区长。他被押送到奥古斯塔。

在这种形势下，缅因州和新不伦瑞克省都想通过战争解决问题。缅因州向阿鲁斯图克派出一千八百名民兵。新不伦瑞克总督约翰·哈维爵士发布公告，要求费尔菲尔德撤兵，重申在争议领土主权归属问题解决前，英国会承担保卫领土的义务。费尔菲尔德断然拒绝，并下令征调一万大军，准备进入并占领争议领土。约翰·哈维爵士调集了两支配备大炮的军队，严阵以待，圣约翰河谷的一些百姓组成了志愿民兵，随时抵御外侵。战争的阴霾笼罩了新不伦瑞克。约翰·哈维爵士想方设法地控制着局面。然而，意欲开战的绝不限于涉事双方——缅

第八章

因州和新不伦瑞克省。丹尼尔·韦伯斯特[①]叫嚣着要发动战争,他领导着一群仇视英国的美国人。上加拿大省和下加拿大省同情、援助新不伦瑞克。新斯科舍为了支持新不伦瑞克,动员了所有民兵,拨了十万英镑的款。这赢得了众议院所有成员和旁听席上列席人员的热烈掌声。然而,在英国,不少像《泰晤士报》一样的报纸极不在意殖民地的利益,一次次让殖民地付出沉重代价,居然建议应该满足美国的所有要求,甚至应该将圣约翰河以西的整个新不伦瑞克都划给美国。在这个问题上,范布伦总统比较冷静和客观,他不想急着发动战争,从而重蹈麦迪逊总统1812年的覆辙。他派温菲尔德·斯科特将军前往冲突发生的现场。前文已经介绍了温菲尔德·斯科特将军,他勇敢、温和而睿智。他及时阻止头脑发热、崇尚武力的缅因州长煽动战争的行为,接着与约翰·哈维爵士开启了清醒务实的谈判。朗迪道战役和斯托尼溪战役时,两位将军曾交过手,互相敬重。二人很快达成了协议,决定临时共占争议地区。就这样,被戏称为"阿鲁斯图克之战"的战争危机和平解决了。

但问题终归没有彻底解决,缅因州的居民仍然侵入争议地区,新一轮调查也没带来一丝曙光。1842年,英

[①] 丹尼尔·韦伯斯特(Daniel Webster,1782—1852),美国律师、政治家、辉格党魁,两任美国国务卿(1841—1843、1850—1852)。——译者注

国外交大臣亚历山大·巴林先生和美国国务卿丹尼尔·韦伯斯特先生作为特派员，负责谈判解决既有争端。谈判中，像各方预料的那样，亚历山大·巴林被精明、强势的丹尼尔·韦伯斯特完全压制。一万二千平方英里的争议领土中，他只为新不伦瑞克省争得了五千平方英里，而附加值更高的七千平方英里土地划给了缅因州。分界线正北从标记石碑开始这一点没变，然后一直延伸到圣约翰河的支流阿鲁斯图克河口处。于是，从圣约翰河一直到圣弗朗西斯河就成了缅因州的东北边界。新不伦瑞克并不十分情愿地接受了最终的裁定。但考虑到面对丹尼尔·韦伯斯特这样强大的对手和英国敦促尽快解决争端的事实，新不伦瑞克能得到这样的结果已经很幸运了。亚历山大·巴林受封为阿什伯顿男爵。因此，经他努力而签订的条约也被称为《阿什伯顿条约》。

然而，《阿什伯顿条约》却遭到想独占争议领土的美国参议院的强烈反对。就在美国参议院准备否决《阿什伯顿条约》时，丹尼尔·韦伯斯特先生关上门，打开一张随身携带的地图，谈判期间，他一直带着这张地图，却没让亚历山大·巴林先生看一眼。据称，该地图是由富兰克林绘制的，上面标注着1783年《巴黎和约》规定的边界线，而标有红线的东部边界正是英国人主张的边界，该证据表明英国人才是损失最大的一方。看到美

丹尼尔·韦伯斯特。弗朗西斯·亚历山大（Francis Alexander, 1800—1880）绘

国得了这样的大便宜，参议院马上爽快地通过了《阿什伯顿条约》（1842）。

谈到新斯科舍省和新不伦瑞克省的责任政府问题，我们还须回到1839年约翰·罗素担任殖民部大臣时发布的公告上来。新斯科舍省和新不伦瑞克省的改革党人士认为约翰·罗素的公告适用于所有省。新不伦瑞克总督约翰·哈维爵士收到公告后，向立法委员会宣读了公告，并宣布接受公告的规定。在协调省内所有争议问题上，约翰·哈维爵士表现得非常出色。议会觉得获得公告中的权利并不迫切。经过认真的讨论后，实行责任政府的计划差一票未通过，议长投了否决票。

新斯科舍省的情况却截然不同。科林·坎贝尔爵士可不是约翰·哈维爵士。收到约翰·罗素的公告时，他对立法委员会只字未提，依旧我行我素。议会中绝大多数议员给执行委员会投了不信任票，改革党希望执行委员会辞职。然而，科林·坎贝尔爵士说，他的顾问团正是他需要的人，不管他们是不是议会期望的人选。议会又拿约翰·罗素的公告以及约翰·哈维爵士对公告的解释说事，但于事无补。科林·坎贝尔爵士说，他可以用自己的方式解释公告。于是，党派之争再次升温。人们打算向王室请愿，要求罢免科林·坎贝尔爵士。愤怒的人们在全省各地举行了多场集会。党派争论异常激烈。

第八章

时势造英雄，新斯科舍省英雄辈出，从来就不缺优秀的人才。改革党杰出的领导有约瑟夫·豪、尤尼亚克和约翰·扬等人。保守党也有一位优秀的领导人詹姆斯·W.约翰斯通。詹姆斯·W.约翰斯通的口才和影响力丝毫不逊于约瑟夫·豪，他不仅赢得了朋友的信任，而且赢得了死对头的尊重。

波利特·汤普森访问沿海各省时，会见了约瑟夫·豪。之后，波利特·汤普森认为有必要支持改革党的主张。于是，科林·坎贝尔爵士被罢免了。福克兰爵士继任总督后，采取了折中的做法，他撤了执行委员会的几名成员，将改革党的三位领袖约瑟夫·豪、尤尼亚克和艾伦·麦克纳布召入委员会。于是，联合政府产生了。然而，两派如水和油一样难以调和。虽然合并哈利法克斯的法案历经无数次讨论后最终通过，但约瑟夫·豪和詹姆斯·W.约翰斯通始终水火不容。他们几乎对所有的问题都持相反的立场，教育方面尤为明显。约瑟夫·豪坚持主张创办免费的公立学校和一所公立省级大学，而詹姆斯·W.约翰斯通则主张创办省级授权的教会学校和学院。不久，人们就发现联合政府难以为继。福克兰爵士和保守党走到了一起。他没有征询联合政府中改革党的意见便解散了众议院。后来，执行委员会出现了一个空缺席位，他效仿查理·梅特卡夫爵士在上加拿大省的做法，自行任命了一名新成员，这令约瑟夫·豪、尤尼亚克和艾伦·麦克纳布忍无可忍，选择了辞职（1844）。现在，除了党派之争，总督和议会之间也爆发了冲突。约瑟夫·豪与福克兰爵士结下了很深的私怨。福克兰爵士想拉拢支持约瑟夫·豪的改革党人士，但失败了。约瑟夫·豪不仅用辩论的手段，还用写诗文的方式攻击福克兰爵士。福克兰爵士任总督已经有害无利，殖民部就罢免了他。约翰·哈维爵士继任总督，他堪称"伟大的和平缔造者"。

约翰·哈维爵士马上邀请改革党领袖重回执行委员会，但他们拒绝了，理由有二：第一，保守党占了众议院的多数席位；第二，他们已经受够了联合执政的尴尬。他们宣称，等即将到来的大选体现真正的民意时，他们再决定是否加入。1847年末，大选举行了。1848年1月，众议院举行会议时，改革党人士占了大多数席位。詹姆斯·W.约翰斯通隐退，约瑟夫·豪奉约翰·哈维爵士之命负责组建新政府。1848年，新斯科舍省终于迎来了自己的责任政府。

新不伦瑞克的边界争端已经解决，约翰·哈维爵士已经调离。之后，随着木材贸易的不景气，新不伦瑞克的经济陷入了困境。同一时期，圣约翰市还遭遇了一场大火。于是，新不伦瑞克的经济更萧条了。此前几年，新不伦瑞克财政收入丰足，盈余很多，但现在却出现了赤字。人们开始指责改革党对财政收入管理不善，花钱既无计划又无节制。1842年，新一届大选举行，保守党最终获胜。当加拿大督军查理·梅特卡夫爵士与内阁就官员任命权争执不下时，新不伦瑞克议会却通过决议，感谢起专制的督军来，感谢他对共和主义的坚决抵制。但随后发生的事情就检验了溢美之词是否真诚。新不伦瑞克总督威廉·科尔布鲁克爵士将自己的女婿（一名英国人）安排到了省府秘书的岗位上。他相信，议会肯定会顺从他的意志。岂料这立刻引起了抗议，执行委员会的四名成员辞职。保守党批评威廉·科尔布鲁克爵士说，他无权任命外人到省府工作，改革党则称他无权任命任何人。英国政府旋即取消了这一任命，省府秘书这一岗位留给了一名新不伦瑞克人。

随着埃尔金爵士出任加拿大督军，政府改革原则传了出去，甚至传到了保守党掌权的新不伦瑞克。事实上，保守党内阁确实提出了一项实行责任政府的议案。该举措犹如罗伯特·皮尔爵士的举措，被比喻成"偷走正在游泳的改革党人士衣服"的做法。无论人们是否支持政府，无论属保守党还是改革党，都积极参与了投票，议案居然以压倒性的优势获得通过（1848）。新内阁成功组建了。内阁成员包括莱缪尔·艾伦·威尔莫特和费希尔两位改革党领导人。截至目前，责任政府制在新不伦瑞克、新斯科舍和加拿大联盟都建立起来了。不过，在新不伦瑞克省，理论上已经确立的原则直到1854年才实施。那一年，改革党在众议院中获得多数席位，保守党退出了内阁。

第九章

第一节 《叛乱损失议案》提出联盟计划

我们再回到上加拿大省和下加拿大省。埃尔金爵士把组建加拿大政府的重任交给了改革党领导人拉方丹和鲍德温。责任政府刚组建起来，就迎来了一场重要的考验。在上一章，我们已经讲过，1846年，深受叛乱之害的上加拿大人获得了政府财政的补偿，而遭受同样苦难的下加拿大人却没有获得政府财政的补偿。我们已经知道这种区别对待的原因何在。然而，改革党一上台执政，就提出了一项议案，为了安抚下加拿大受害百姓，拨付十万英镑。提案还明确表示，凡是参加叛乱的人，一律不补偿。即便如此，英裔加拿大人还是高呼"绝不补偿叛乱分子"。于是，党派矛盾，尤其是民族矛盾，再次凸显出来。

保守党想破坏已经形成的两省联盟。为达到该目的，"英属北美联盟"应运而生，其总部设在蒙特利尔。1849年，经历了一段政治黑暗的时期后，美洲联盟思想迎来了真正的黎明。1816年，休厄尔曾提出该思想。然而，该思想当时就如划过天空的流星，瞬间一亮就被遗忘了。1838年，达勒姆爵士也曾有过同样的梦想，但同样没能实现。保守党一度嘲笑联盟思想不切实际，就根本没在意，现在终于意识到它的伟大力量。在扰攘、动荡的岁月里，经过二十年的发展，联盟思想即将实现了。但此时，联盟的目的已经今非昔比了。在英裔加拿大人看来，它是脱离两省联盟的绝佳借口。他们还可以通过联盟的思想更好地控制法裔加拿大人的投票。在英属北美联盟中，加拿大理应分为两个省，于是，上加拿大省就可以再次自治了。保守党迅速向新斯科舍省和新不伦瑞克省表明了立场，寻求它们的支持。然而，新斯科舍省和新不伦瑞克省却不为所动。这时，历史的车轮发生了惊人的转向。看到犯叛国罪的人居然没有受到惩罚，效忠派人士义愤填膺，决定向政府摊牌。英裔加拿大人开始讨论并入美国的话题。少数冲动的人甚至威胁，一旦法裔加拿大人获得政府的补偿，就向美国求助。不过，并入美国的想法遭到所有省的拒绝。过去支持叛乱、崇

第九章

尚暴力的改革党这次迅速站到了责任政府这边。

在蒙特利尔的议会大厦里，围绕《叛乱损失议案》是否通过的斗争逐步白热化了。反对派的领袖是出身行伍的政治家艾伦·麦克纳布爵士。当议案最终以绝对多数支持获得议会通过时，反对派竭力游说埃尔金爵士对该议案行使否决权。夹在中间的责任政府左右为难。但坚持原则的埃尔金爵士觉得，无论《叛乱损失议案》是否正确，都是由深得民心的内阁提出来的。因此，他认为，《叛乱损失议案》对王室权力不构成任何威胁，省级立法委员会有权支配补偿款。4月25日，他无视少数人的威胁，正式签署《叛乱损失议案》。责任政府终获胜利。

埃尔金爵士刚一离开议会大厦，他坚决支持议案的消息就传了开来。一伙代表蒙特利尔望族利益的暴徒迅速向他围过来，有的奚落他，有的用石头和臭鸡蛋砸他所坐的马车。消息继续散播，暴徒的数量和愤怒情绪也在急剧增长。议会正在召开晚间会议时，一群带着火枪、石块和火把的人突然涌向议会大厦。一阵"石块儿雨"过后，议会大厦的窗户玻璃碎了一地。议员们不得不离开他们的坐席。暴徒们随后冲了进来，把所有的议员都赶了出去。一名暴徒取走了议长的职杖，另一名暴徒坐上了议长席，戴上了议长的帽子，高呼着"解散法国人的议会"。有人用火把放起了火，这座伟大的大厦顿时

在蒙特利尔的议会大厦里,议员们围绕《叛乱损失议案》是否通过激辩。詹姆斯·杜坎(James Duncan,1834—1905)绘

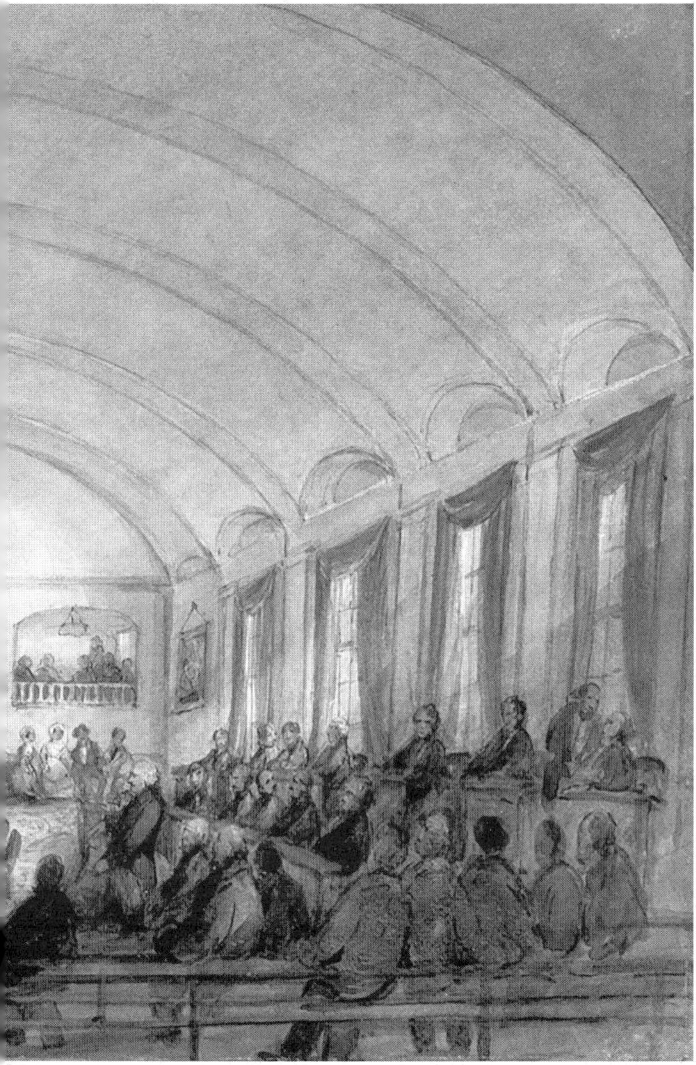

火烧议会大厦。约瑟芬·勒加雷
(Joseph Legare, 1795—1855) 绘

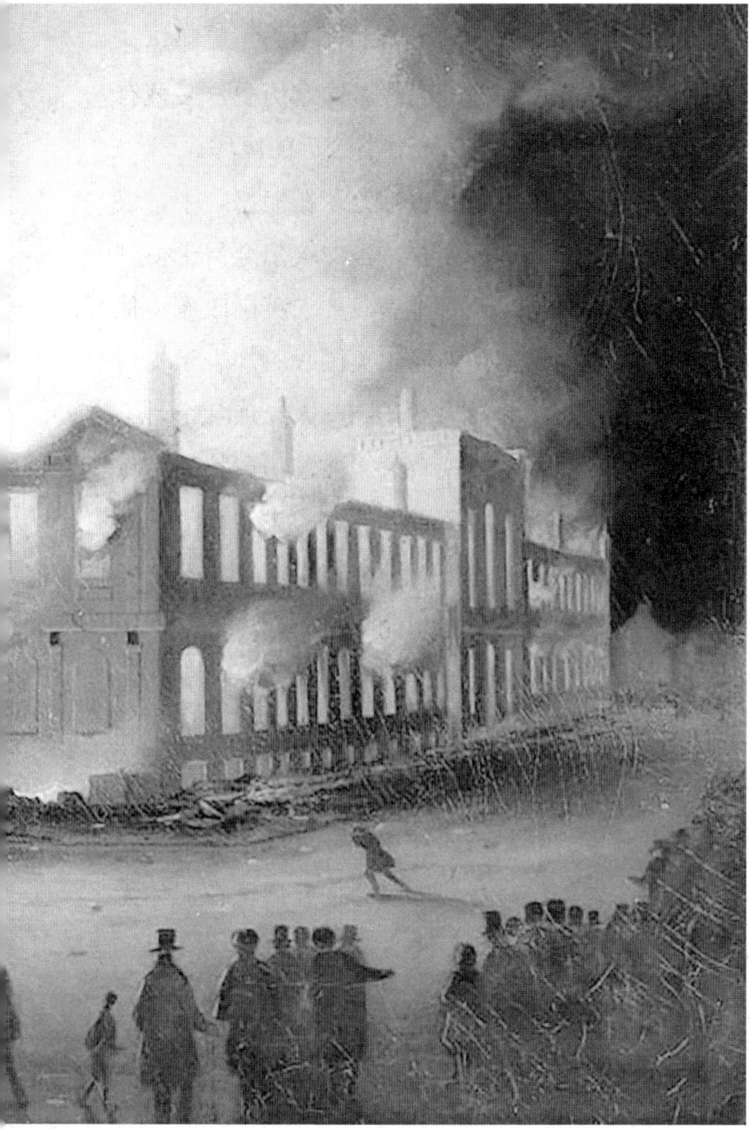

陷入一片火海之中。大厦中的木材非常干燥，火势迅速蔓延开来。午夜时分，这栋既记载着国家历史，又藏有众多珍贵图书的建筑变成了一堆燃着余火的废墟。

接下来的两天里，整个城市都笼罩在愤怒之中，议会被迫改到邦斯库市场举行会议。虽然埃尔金爵士得到议会的感谢，但反对派对他极不满，要求英国政府将他召回并废止已通过的议案。然而，英国政府却表示支持埃尔金爵士。气急败坏的效忠派托利党人一连几个月不停地发难，并以发动叛乱要挟政府。接着，蒙特利尔作为加拿大首府的短暂历史结束了，同时失去了相应的功能，议会再不会在罗亚尔山下召开会议了。有那么一段时间，议会采用早期教育家惯用的"轮流坐庄"，即多伦多和魁北克两市每四年轮替着做办公地。但开销巨大，而且多有不便，于是议会请求王室为其固定一个办公驻地。1858年，王室选择木业重镇拜顿作为议会的办公地，这里不仅远离城市的喧嚣，还规避了靠近边境的危险。小镇改名为"渥太华"。从此，议会便开启了在无休无止的锯木声和瀑布声中举行会议的新时光。

1859年，英属北美各省的贸易进入了萧条期，百姓们的生活经受了严峻的考验。英国废除了《谷物法案》。于是，加拿大的粮食产品被迫与外国产品公平竞争。1849年，英国废除了《航运法案》。对英属北美各省的航运业来说，这是致命的打击。《航运法案》禁止美国商船到英国从事贸易活动。因此，加拿大沿海省的航运业蓬勃发展。现在，保护伞撤走了，殖民地的各海港的经济顿时萎靡；一时之间，经济大恐慌笼罩了整个殖民地。然而，凭借资源优势，依靠顽强探索的精神，加拿大人很快就振作起来了。随着新贸易渠道的开通，许多新行业出现了，向大批年轻人提供了就业岗位，"美好时光"再次来临。从责任政府最终获得胜利到积极倡导联盟思想的十五年的时间里，加拿大的财富积累、人口增长和公共事业发展都取得了巨大进步。教育已面向国外，铁路和运河已开通，电报和轮船线路已建成，公路使偏远地区和文明社会连在一起。从国家层面来讲，这个时期的人们的最大贡献就是修建了跨殖民省铁路，各省因此连接起来了。

修建跨殖民省铁路的想法最先由达勒姆爵士提出。一开始，该想法并没有引起人们的关注，但几年后随着英美两国分别进入铁路建设时代，殖民地也产生了修建铁路的冲动。蒙特利尔和缅因州的波特兰之间建起了第一条铁路。1846年，修建一条从魁北克通往沿海省的铁路的勘探论证工作开启了，达勒姆爵士的构想就要实现了。工程师的勘探报告表明该构想完全可行。报告对国家实施这样的开发项目大加赞扬。在各种可能的路线中，报告建议选择新不伦瑞克的沿海地带，也就是众所周知的"北岸"。这是因为当时规划的铁路不仅要具备商业功能，还要具备军事功能。于是，加拿大希望大不列颠能帮助修建铁路，但殖民部却浇了一盆冷水，与圣劳伦斯地区进行贸易的希望破灭了。之后，沿海省开始将目光转向新英格兰，希望修建一条从哈利法克斯通往圣约翰的铁路，再向西延伸至美国的海岸城市。1850年，缅因州的波特兰市举行了一次铁路会议，来自新英格兰各州的代表与来自新不伦瑞克省、新斯科舍省的代表亲切交流。会议上，双方一致同意推进"欧洲和北美铁路计划"（European and North American Railway）。但这种纯粹为了与美国贸易的修建铁路计划遭到了约瑟夫·豪的强烈反对。他前往英国，有理有据地说服了英国政府支持修建跨殖民省铁路的计划。1851年，多伦多举行了省级代表大会，讨论如何实施该计划，如何分摊费用等问题。看上去，成功在即。但风云突变，英国政府突然宣布不支持将圣约翰与哈利法克斯和魁北克之间干线相连的铁路支线，即所谓的"欧洲和北美铁路段"。于是，整个计划未能实施。随后，虽然系列讨论会召开了，代表团前往英国谈判了，但最后每个省都只能板起面孔自行解决困难。加拿大省开始修建从魁北克到圣劳伦斯之间的大干线；新不伦瑞克省重启"欧洲和北美铁路计划"，修建了连接圣约翰与希迪亚克的铁路。而直到加拿大联盟成立后,伟大的跨殖民省铁路才开始动工。

第二节 《互惠条约》

1854年,英法两国结盟,与俄国在克里米亚激战。这时,英裔加拿大人和法裔加拿大人正共同致力于加拿大的发展。就在这一时期,传教士专用地纠纷和平解决了。加拿大立法委员会通过法案,正式宣告教会与政府分离。政府不调整现有的教区主教,同时向神职人员的遗孀和遗孤提供保障。剩余的传教士专用地和相关资金根据人口比例分给不同的乡镇,用来发展教育、改善民生。在接下来的一年中,政府进行土地改革,帮助下加拿大省的农民买断了领主的土地,将他们从封建领主制度中解放出来。虽然土地改革始于1855年,但四年后才全部完成。法裔农民领主支付了一小笔费用,而大部分费用由省里的教会和政府承担,总计达六十五万英镑。

除了困扰人们多年的老问题稳步解决外,1854年夏,加拿大各省还与美国达成一项重要的协定,这就是著名的《互惠条约》。随着《互惠条约》的签署,加拿大进入了与南方的"亲戚"友好交往、互通贸易的新时期。《互惠条约》规定,双方可以在海产品、农产品、木材和矿山资源等方面自由贸易。美国人获准开发加拿大丰富的渔业资源,有权使用加拿大便捷的水路交通。对加拿大的农民、伐木工人和矿山工人来说,《互惠条约》无疑是巨大的利好消息。但对沿海省来讲,得天独厚的渔业资源却受到了限制,因为沿海省的商船不允许前往美国海岸自由贸易。总体而言,对加拿大来说,《互惠条约》是好事,但美国可能获利更多。《互惠条约》的有效期是十年。十年后,任何一方均可自由地终止《互惠条约》,但要提前一年通知对方。后来,美国人首先终止了《互惠条约》,他们认为,如果继续挤占加拿大的市场,那么加拿大就会走联盟统一的模式了。

这时,克里米亚战争激起了加拿大人报效国家的热情。皇家加拿大第100团是英国正规部队中最有战斗力的部队之一。该团的士兵都是在加拿大征募的。阿尔玛战役①大捷后,加拿大议会发出贺辞,拨款两万英镑救助英烈们的遗孀和遗孤。有三位著名的战斗英雄来自新斯科舍省。在夺取凸角堡的战斗中,韦尔斯福德少校和帕克上尉冲在突击队的最前面,最后战死。为了缅怀他们,哈利法克斯建了一座英雄纪念碑。另一位战斗

---

① 1854年到1855年,英、法两国与俄国为争夺黑海和巴尔干半岛的控制权,在克里米亚半岛大战,史称"克里米亚战争"。"阿尔玛战役"是"克里米亚战争"中最著名的战役之一,是决定战局的重要一战。英国、法国、土耳其和意大利联军战胜俄军。——译者注

阿尔玛战役大捷。理查·卡顿·伍德维尔
（Richard Caton Woodville，1825—1855）绘

夺取凸角堡。阿道夫·伊冯（Adolphe Yvon，1817—1893）绘

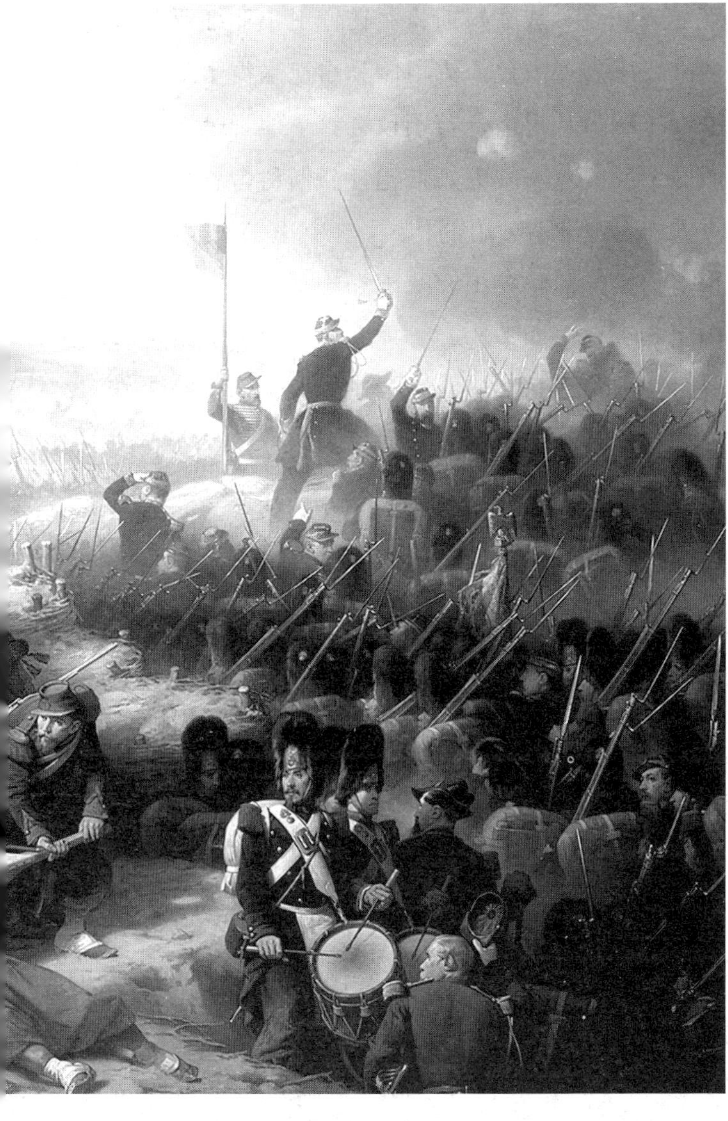

英雄威廉·芬威克·威廉姆斯将军在守卫小亚细亚要塞卡尔斯的战役中表现出色，为祖国和自己赢得了荣誉。维多利亚女王赐他从男爵，英国议会给了他一笔津贴。后来，威廉·芬威克·威廉姆斯担任新斯科舍总督。新不伦瑞克人一直延续着效忠的传统。在克里米亚战争中，他们表现英勇，最后将英国、法国和土耳其政府授予的勋章带回了和平安宁的圣约翰。加拿大人的英勇激发了我们的国防意识。1855年，一支保卫加拿大的志愿军组建起来，一直稳步发展到今天。

这一时期，上加拿大省与下加拿大省都接受了选举产生上议院的原则。1856年，议会投票通过如下决议：若上议院席位由于议员死亡或王室任命的成员退休而出现空缺时，新议员由人民选举产生，任期为八年。然而，平静的上议院却很少出现席位空缺的情况，而且早在上议院成为选举产生的机构前，联盟的构想已经改变了所有的一切。

在政治领域，有助于联盟实现的事情开始接踵而至，联盟这一伟大的构想很快就被纳入实用政治范畴。在下册第一章，我们会讲到这些变化是如何发生的。现在我们先把目光转向加拿大其他地区，关注那些曾困扰过上加拿大、下加拿大、新斯科舍和新不伦瑞克的问题，而在这些地区，这些问题还没有发展到非解决不可的地步。

第三节 爱德华王子岛、纽芬兰及西北地区和不列颠—哥伦比亚

1848年,爱德华王子岛做了一次人口普查,当时的总人口为六万二千六百三十四人。随着邻省份纷纷建立责任政府,爱德华王子岛的人民也要求建立责任政府,但遭到殖民部的拒绝。格雷爵士宣称,爱德华王子岛是岛省,太小了,不宜建立责任政府,但他同时却认为,该岛有能力支付除总督薪金以外的王室官员的年俸。爱德华王子岛议会同意支付王室官员年俸,但条件是各种税收要由议会支配,并且议会要能组建责任政府。一时之间,请愿书和通告令在爱德华王子岛和英国之间频繁往来。兄弟省成功的例子就是爱德华王子岛议会最有说服力的证据。最终,殖民部妥协了。1851年的议会会议结束后,爱德华王子岛终于建成了责任政府。

从责任政府建成到具有历史意义的夏洛特敦会议召开前,爱德华王子岛的核心问题是土地问题。1854年,省政府出资购买了沃雷尔庄园大约八万一千英亩的土地,然后以不动产的形式转售给百姓。这没有违背《土地买卖条例》原则,因此得到英国政府的大力支持。土

地纠纷使殖民部很过意不去，虽然它知道现实情况对百姓不公，但仍须尽力维护地主的权利，毕竟地主的土地是以合法的方式得来的。不久，爱德华王子岛议会提议，英国政府应该为该省提供十万英镑的贷款。这笔贷款用来购买那些本人不在省内居住的地主的土地。一开始，英国积极回应了该提议，但不久后却否定了。1858年，一个专门负责此事的王室委员会来到爱德华王子岛全面调查，希望尽早解决该问题。1860年，三方专员委员会成立了：一名专员由英国政府任命，一名由地主委托，一名由议会选出，代表佃农利益。代表佃农利益的专员是新斯科舍省的约瑟夫·豪。同年，爱德华王子岛政府买断了塞尔柯克伯爵的土地，塞尔柯克伯爵的继承人以六千五百八十六英镑的低价将六万两千多英亩的土地转让给了政府。

为了完成使命，专员们不遗余力。他们走遍了爱德华王子岛的每个角落，甚至进入村子，多次进行现场调解，组织地主和佃户面对面协商。1861年，他们提交了一份非常专业的报告，报告强烈谴责了原来爱德华王子岛土地赠与的随意做法，指出现在的矛盾主要是由英国政府造成的。报告建议，唯一公正的、使百姓满意的解决方案就是政府依据《土地买卖条例》从那些不在省内居住的地主手里收购他们拥有的土地（收购沃雷尔和塞尔柯克土地就是成功的案例)。报告指出,英国政府应该为当初的草率行为买单,应该向爱德华王子岛提供十万英镑的贷款。报告强调,凡是拥有一万五千英亩以上土地的地主,只要有佃户提出要求,都必须出售土地,售价就是专员委员会确定的价格或仲裁委员裁定的价格。报告呼吁,在专员委员会成立前已超过三年的免役租金欠款应立即取消。议会马上同意了报告所提出的各项建议,但英国政府却拒绝提供贷款,地主们也希望采用其他的解决方式。英国政府和地主们的态度激起了全省百姓的强烈不满。于是,问题悬而未决,成了爱德华王子岛永远的痛。虽然代表团不断到英国据理力争,但都无果而终。直到1875年爱德华王子岛加入加拿大联盟成为强大的自治领一分子后,悬而未决的问题才在繁文缛节的程序后最终解决了。爱德华王子岛长久以来的民愤终于平息。

1841年,约翰·哈维爵士任纽芬兰总督,为该省带来巨大的福利。无论约翰·哈维爵士在哪个省任职,他前脚刚到,和平与发展"后脚"跟来。在他的治理下,纽芬兰道路状况改善了,大桥陆续建成,土地价值持续上升,居民区迅速扩大。1842年,上议院和众议院合并,两院多年来的激烈交锋画上了句号。联合议会的形式一直持续到1849年。这一年,纽芬兰恢复了议会制度。

1840年，政府雇了一艘帆船做邮船。邮船两周一次往返于圣约翰和哈利法克斯之间。1844年，帆船换成了蒸汽船。纽芬兰的银行业和房产业很快就繁荣起来。当然渔业也得到了前所未有的发展。

1846年，就在约翰·哈维爵士即将离任时，一场天灾突然降临，省府所在的圣约翰斯遭受致命的打击。圣约翰城的建筑主要是木质结构，居民区的房屋比较密集。6月9日是个大风天，一处建筑突然起火，火借风势，顷刻吞噬了整个城市。最后，连商人们存货用的砖石仓库也化成了灰烬。水边的巨大油罐引燃了，汽油燃烧着从油罐喷出，烧毁了许多泊在港口的船。大火过后，城市四分之三的房屋尽毁，一万两千人变得无家可归。英国和兄弟省纷纷支援灾区。在它们的慷慨相助下，坚强的灾区人民重建家园了。然而，祸不单行，1846年9月，纽芬兰再遭不幸，一场可怕的风暴来袭，摧毁了沿岸几乎所有的船只、渔场、围栏、桥梁和房屋。两场灾难接踵而至，纽芬兰永远留下了创伤。

就在这一时期，纽芬兰也希望能像其他省一样成立责任政府。但英国政府宣称时机还不成熟，纽芬兰尚不能承担重任。换句话说，殖民部希望纽芬兰再为母国服务一段时间。然而，1854年，纽芬兰没有再顺从英国的安排，开启了完全由自主的时代，选举产生了对人民负

第九章

责的执行委员会。

伟大的一步迈出后,接下来几年,纽芬兰进入了繁荣发展的时期。一条电报线横穿纽芬兰,水下电缆成功接通到大陆。1858 年,从纽芬兰到爱尔兰的第一条大西洋海底电报线贯通。这些大事发生后,适逢其他省纷纷加入加拿大联盟,纽芬兰举行了省级选举。其间,人所不齿的骚乱发生了。1861 年 5 月,圣约翰骚乱中许多人丧生。之后,纽芬兰进入经济萧条期。自 1855 年起,纽芬兰实施了一项极不明智的穷人救济制度,结果浪费掉三分之一的财政收入,省内贫困区的扩大速度却令人咋舌。最后,大约在夏洛特敦会议召开的前后,政府开始讨论是否加入加拿大联盟,认为联盟是解决省内当下困难的唯一途径。然而,就在讨论该话题的过程中,情况发生了变化。纽芬兰的渔业再获丰收,许多储量丰富的铜矿被发现。于是,这个最早的殖民省立即表现出嫌贫爱富的一面(1869)。接着,它就轻蔑地抛弃了联盟思想。

我们再把目光从遥远的东部悬崖和浩瀚的纽芬兰海域转向兴旺的西北草原地区。两大皮货贸易公司[①]合并后,西北地区进入和平发展的时期,人口呈现缓慢的增

[①] 指哈得孙湾公司和西北公司。——译者注

长。前文已经讲过，混血后裔认为，他们是这片土地的主人，不愿接受新的移民。他们视这片土地为一个巨大狩猎场，毛皮贸易成为这里绝对主导的产业。他们告诉全世界，半个美洲大陆的小麦产地和天然牧场只是一片不毛之地，就像北极一样贫瘠，只适合河狸和狐狸生存。这是因自私而生的谎言，与当初纽芬兰的谎言①如出一辙，严重地制约了当地的发展。鱼类贸易商希望纽芬兰一片荒芜，毛皮贸易商希望西北地区寸草不生，这样就不会有人愿意前来定居了，他们的经济利益也就不会受到影响了。毛皮贸易公司辛勤的总裁乔治·辛普森爵士沿着河流、湖泊和海湾建立了许多贸易站。贸易站周围形成了繁荣的定居点。于是，这片土地的真实情况也传了出去。前文已经提到，1835 年红河定居点变成了阿西尼博亚地区，由地区主席和委员会管理。委员会由乔治·辛普森爵士任命的十五名成员组成，他们分别来自塞尔柯克定居点和混血后裔定居点。这里现有五千左右的人口。

众所周知，乔治·辛普森的探险壮举之一是向西航行到温哥华岛，再向北穿越阿拉斯加，然后经西伯利

---

① 19 世纪 20 年代，圣约翰斯的商人从纽芬兰的渔业中获得了巨大的财富，他们希望所有纽芬兰岛上的人都依赖渔业过活，因此颇具心机地声称省内没有农田可耕，还说这里的气候和土壤都不适合发展农业，从事渔业是最好的谋生手段。——译者注

乔治·辛普森。斯蒂芬·皮尔斯
(Stephen Pearce, 1819—1904) 绘

亚和北欧回到伦敦。不过，在这里，我们更想谈的是他在温哥华岛和落基山脉西坡建立贸易站的功绩。这些贸易站是加拿大联盟最年轻成员不列颠—哥伦比亚省的前身。乔治·辛普森爵士为西北地区的开发做出杰出的贡献。王室赐予他"骑士"的称号。退休后他领到了政府提供的养老金。1860年，乔治·辛普森爵士去世。十年后，在他呵护下发展起来的社区变成了曼尼托巴自治省。

太平洋省的历史始于1849年。当时，哈得孙湾公司建立了温哥华岛殖民地，温哥华岛上的维多利亚是殖民地首府。首任总督是理查·布兰查德①。除了公司员工，这里只有三十名定居者。两年后，他厌倦了这样的生活，递交了辞呈。詹姆士·道格拉斯继任总督。王室授权哈得孙湾公司开发殖民地；如果需要，总督有权组建立法机构。

山岭遍布的大陆当时称"新喀里多尼亚"（New Caledonia）。迄今为止，关于这片大陆可讲的历史只有西班牙和英国海员的造访、马更歇和辛普森的陆上探险以及一些孤零零建立的贸易站。但在1856年到1857两年的时间里，这里发生了翻天覆地的变化。人们发现

---

① 理查·布兰查德（Richard Blanchard，1817—1894），英国高级律师，英属温哥华岛首任总督（1849—1851）。——译者注

第九章

弗雷泽河和汤普森河的流沙中含有大量黄金[1]，而且易于提取。消息不胫而走。荒凉的滩涂和树木丛生的陡峭山涧因蜂拥而至的冒险者和掘金者而变得热闹喧嚣了起来。他们大都是加利福尼亚的淘金者，带来了无法无天的习气。政府要出重拳出击，整治混乱的局面了。

英属北美与美国的东部边界争议早已解决，但这时西部边界争议出现了。要了解西部边界争议的原委，我们要追溯到很多年前。现在的不列颠—哥伦比亚省、美国俄勒冈州和华盛顿州曾经都是俄勒冈的一部分。1826年，美国专员同意分割俄勒冈，同意将哥伦比亚河作为分界线，即从河口到北纬49度线止，但两国人民都可以在哥伦比亚河上自由航行。于是，北纬49度线成了北美内部都接受的边界线。然而，事情远没有结束，1845年左右，美国开始主张所有争议领土的主权，甚至宣称至俄属美洲[2]南部边界即北纬54度40分的整个海岸地区都属美国，甚至喊出了口号"要么54度40分线，要么开战！"在争取主权方面，美国人特别擅长提要求。虽然他们最终没有全部得偿所愿，但与他们应该得到的领土相比，他们实际上多得了不少，譬如皮吉特湾和下

---

[1] 此后的二十年间，不列颠—哥伦比亚省向外输出的黄金总价值达三千六百万美元。——原注
[2] 今阿拉斯加。——原注

哥伦比亚河谷的大片领土就归了美国。这是1846年英国专员签署《俄勒冈条约》时妥协的结果。根据《俄勒冈条约》，边界线不是沿哥伦比亚河一直向南，而是沿北纬49度线处向正西延伸至"将大陆与温哥华岛分开的海峡处，然后向南穿过福卡海峡，最后抵达太平洋"。

不幸的是，边界定义仍然模糊。福卡海峡中有几个岛屿，它们隔出了三条重要的水道。英国宣称最南端的罗萨里奥海峡是《俄勒冈条约》确定的边界线，而美国则宣称最北端的德哈罗海峡才是确定的边界线。英国提出双方都退让一步，以中间水道即道格拉斯海峡为界，但美国不同意。邻近的华盛顿州意欲扩大其法定的管辖范围，想占有位于德哈罗海峡和道格拉斯海峡之间的圣胡安岛。而英国早已宣称拥有该岛的主权。1854年至1856年，少数美国人在岛上定居，他们呼吁保护美国法律。于是，形势顿时变得紧张起来。1855年，一名美国税务官扣押并出售了属于哈得孙湾公司的一些绵羊。不列颠—哥伦比亚省现在虽然已经不再从属于哈得孙湾公司，但哈得孙湾公司的影响力仍然巨大。在詹姆士·道格拉斯总督的约束下，为了避免引发战争，报复行动没有实施。现在，圣胡安岛升起了两种国旗，即哈得孙湾公司贸易站飘扬的英国国旗和美国税务站飘扬的美国国旗。1859年，争议突然升级，英美两国处在了战争的边

第九章

缘。矛盾激化居然是因为一头猪!哈得孙湾公司的一头猪不巧闯入了自称为美国公民的莱曼·卡特勒的地皮。莱曼·卡特勒开枪射杀了这头猪,并拒绝赔偿。美国认为,哈得孙湾公司提出赔偿要求是对美国公民的冒犯。驻扎在华盛顿州的美军指挥官威廉·S. 哈尼,好战,野心勃勃,他立刻派乔治·皮克特上尉率一支部队占领了圣胡安岛,然后执行起美国法律。维多利亚人民急盼政府派兵赶走入侵者。虽然詹姆斯·道格拉斯总督的军队足以完成这一任务,甚至就在圣胡安岛的港口还停泊着几艘英国军舰,但英国人还是暂时采取隐忍的策略。他们警告美国人这是非法入侵,然后等待美国政府做出正确的决定。威廉·S. 哈尼和乔治·皮克特则不可一世地坚守着他们"征服"的小岛。然而,了解这一鲁莽的行动后,美国向英国真诚地表达了歉意,并撤了威廉·S. 哈尼的指挥权。温菲尔德·斯科特将军作为调解人被派往圣胡安岛。和在新不伦瑞克省和缅因州发生分歧时一样,在事情通过条约解决前,温菲尔德·斯科特将军同意双方共同占领圣胡安岛。于是,1860年,问题得到暂时的解决。但直到十二年后,德皇威廉二世应邀作仲裁,他支持了美国的主张。于是,德哈罗海峡定为双方的边界,争议这才最终彻底解决。

争议的解决使我们的故事稍微超前了一点儿,我们再回到1858年。当时，为了方便打击大陆蔓延的非法采矿行为，温哥华岛和不列颠—哥伦比亚分别组建了自己的政府。弗雷泽河畔的矿山小镇新威斯敏斯特成了新建省的的首府。但这并没有带来满意的结果。由于来自旧金山和其他地区的美国人大量涌入温哥华岛，希望温哥华岛并入美国的呼声开始出现。但加拿大现在的情况是，那些较早建立的省正在实现一个伟大的梦想：建立一个从大西洋到太平洋的加拿大联邦。英国人的同情、忠于王室的情结以及东部各省曾经的动荡，所有这些都影响着西海岸人民的决定。最后，并入美国的想法逐渐消逝了。对日益强大的加拿大而言，失去温哥华岛的巨大损失是无法弥补的，这无异于将加拿大的西大门向美国敞开了。分而治之的结果并不理想。于是，1866年，温哥华岛与大陆再次合并为不列颠—哥伦比亚省，维多利亚再次成为省府。也正是这一年，东部各省正在紧锣密鼓地准备迎接1867年那令人难忘的大联盟。而不列颠—哥伦比亚省还要等五年后才能最终加入伟大的自治领。关于自治领的诞生，我们将在下册第一章中讲述。